U0939542

国学一本通

徐　潜◎主编

西汉·刘　向◎编　于　元◎译评

吉林文史出版社

图书在版编目（CIP）数据

战国策/（西汉）刘向编；于元译评．-长春：吉林文史出版社，2009.4（2022.1重印）
（国学一本通/徐潜主编）
ISBN 978-7-80702-929-8
Ⅰ．战… Ⅱ．①刘…②于… Ⅲ．①中国-古代史-战国时代-史籍②战国策-注释③战国策-译文 Ⅳ．K231.04
中国版本图书馆CIP数据核字（2009）第038142号

 国学一本通 

战国策

出版人/徐 潜
出版发行/吉林文史出版社（长春市人民大街4646号） www.jlws.com.cn
主编/徐 潜
编/刘 向
译评/于 元
项目负责/王尔立
责任编辑/杨晓天 崔博华
责任校对/李洁华
装帧设计/李岩冰 柳甬泽 张红旭
印刷/北京一鑫印务有限责任公司
版次/2011年12月第1版 2022年1月第8次印刷
开本/720mm×1000mm 1/16
字数/280千字
印张/14
书号/ISBN 978-7-80702-929-8
定价/55.00元

前言

《战国策》是我国古代一部著名的史书，书中所载多是战国时期纵横家的谋略，因此它可以称得上是战国时期纵横家的“谋略全书”。此外，还有一小部分则记录了纵横家以及战国时期各国君臣的生活和言行。

关于《战国策》一书的作者，研究者普遍认为是战国时期和秦末汉初一些史官和策士的集体创作，最后由西汉末年学者刘向搜集、摘录、校订、编次、整理成书的。

《战国策》包括十二策：东周、西周、秦、齐、楚、赵、魏、韩、燕、宋、卫、中山各策。战国是中国古代一个特定的历史时期，从周元王元年（公元前475年）起，到秦始皇二十六年（公元前221年）止。在这二百五十多年中，几乎无一日没有战争，因此史学家称之为“战国时期”。当时，诸侯割据，你打我杀，都想消灭对方，统一天下。各国之间在政治、经济、军事、外交领域展开了错综复杂的斗争。这时，纵横家也就是策士们便在其中给诸侯出谋划策、进言献计，以达到自己的目的。这些人的计策确实高人一筹，堪称奇计、妙计，令人拍案叫绝。因此，才引得史官大书特书，既可发人深省，启发智慧，又可作为借鉴，指导人们从事战争或治国。

在战国时期，有些君臣和策士品格高尚，助人为乐，救困扶危，有些君臣和策士腐化堕落，荒淫残暴，愚蠢自私，朝秦暮楚，不讲信义。有的使人讴歌，有的令人唾弃，他们的言行便成了史官的捕捉对象，在《战国策》中得到了充分的反映。

《战国策》是一部珍贵的历史文献。秦始皇焚书时，只有《战国策》和《竹书纪年》等有限几部书幸免于难。《战国策》上承《左传》，下启《史记》，在史书由编年体向纪传体的过渡之际起了桥梁作用。司马迁在写《史记》时，所述战国史事，大都取材于《战国策》。

《战国策》不但是一部历史名著，也是一部文学佳作。它情节曲折，引人入胜；刻画人物，栩栩如生；长于叙事，娓娓道来。对话逻辑性强，往往一语中的；深入浅出，言简意赅；幽默明快，形象生动，文采纷呈。由于《战国策》的文学性太高了，过去曾有人将它归入小说类。

我们这部《国学一本通·战国策》将《战国策》中生动有趣的史实用故事的形式表现出来，让人们有一个更深的理解，以期达到过目不忘的效果，便于人们借鉴。

战国策

目录

东周策 颜率护九鼎

阅读提示

九鼎是国家政权的象征，秦国出兵索取九鼎，就是要取代东周，成为天下的主人。东周大夫颜率用他的三寸不烂之舌，说服齐王救周，最终又使齐国放弃了索鼎的想法，帮助周君化险为夷。这完全是运用智慧和口才的结果。一言可以兴邦，一言可以救国难。《战国策》开篇就以生动的描写显示了语言的魔力。

原文

秦兴师临周而求九鼎①，周君②患之，以告颜率。颜率曰："大王勿忧，臣请东借救于齐。"颜率至齐，谓齐王曰："夫秦之为无道也，欲兴兵临周而求九鼎，周之君臣，内自尽计：与秦，不若归之大国。夫存危国，美名也；得九鼎，厚宝也，愿大王图之！"齐王大悦，发师五万人，使陈臣思将，以救周，而秦兵罢。

齐将求九鼎，周君又患之。颜率曰："大王勿忧！臣请东解之。"颜率至齐，谓齐王曰："周赖大国之义，得君臣父子相保也，愿献九鼎，不识大国何途之从而致之齐？"齐王曰："寡人将寄径于梁。"颜率曰："不可。夫梁之君臣，欲得九鼎，谋之晖台之下，少海之上，其日久矣。鼎入梁，必不出。"齐王曰："寡人将寄径于楚。"对曰："不可。楚之君臣，欲得九鼎，谋之于叶庭之中，其日久矣。若入楚，鼎必不出。"王曰："寡人终何途之从而致之齐？"颜率曰："弊邑固窃为大王患之。夫鼎者，非效醯壶酱甀③耳，可怀挟提挈以至齐者；非效鸟集乌飞兔兴马逝，漓然可止于齐者。昔周之伐殷，得九鼎，凡一鼎而九万人挽之，九九八十一万人，士卒师徒器械被具所

注释

①九鼎：相传为夏禹所铸，以象征九州。
②周君：指东周君。
③甀（chuí）：小口瓮、坛。

以备者称此。今大王纵有其人，何途之从而出？臣窃为大王私忧之。”齐王曰：“子之数来者，犹无与耳！”颜率曰：“不敢欺大国，疾定所从出，弊邑迁鼎以待命。”齐王乃止。

 史纪风云

周显王三十一年（公元前338年），支持商鞅变法的秦孝公病逝了。

秦孝公死后，太子嬴驷即位，即惠文君，七年后称王，史称秦惠文王。他下令逮捕商鞅，将商鞅五马分尸了。富国强兵、让秦国跃居七雄首位的一代贤臣就这样含冤而死了。

商鞅虽然死了，但他的新法在秦国已经深入人心。在新法的推动下，秦国有如一轮朝阳，蒸蒸日上，秦惠文王的野心也因而越来越大了。

周显王三十三年（公元前336年），秦惠文王派大将率军前往周天子处，索求传国重器——九鼎。

九鼎是当年大禹治水之后所铸，用以象征九州的。大禹的儿子夏启称王后，九鼎成了传国重器，一直传到夏朝末代国王夏桀手里。后来，商汤灭掉夏朝，建立商朝，将九鼎迁到商邑。周武王灭掉商朝后，又把九鼎迁到洛邑。如今，秦王索求九鼎，其野心不问可知。

◎战国 铜曾侯乙鉴缶◎

这时，东周君正在王室执政，听说秦王索求九鼎，不禁忧心如焚。他对手下足智多谋的颜率说：“秦王野心勃勃，前来索求九鼎，这如何是好啊？”颜率说：“不能给他！”东周君为难地说：“秦国自从商鞅变法后，国势日强，兵精粮足，咱们不是对手啊！”

颜率略思片刻，劝慰道："这事好办，主公不必忧愁。齐威王在贤相邹忌的辅佐下，勤政爱民，不受蒙蔽，齐国越来越强大，足可同秦国抗衡。我们可以借助齐国的力量来对付秦国。主公，我这就到齐国去，一定让齐威王早日发兵，赶走秦军。"东周君听了这话，脸上露出了笑容，高兴地说："此事全仗先生了。"

颜率略作收拾，立即动身，日夜兼程，来到齐国。齐威王听说周使到了，马上接见，问道："大使不远千里来到敝国，有何贵干啊？"颜率回答说："秦君自恃强大，竟发兵到天子处索求九鼎。东周君的意思是，与其把九鼎让给虎狼之国，还不如把九鼎让给君明臣贤的齐国。大王，保护危国会在天下享有美名，获得九鼎便能占有重宝，我想大王不会不过问这件事吧？"齐威王听了这话，不由得喜上眉梢，当即发兵五万，由大将田忌率领，随颜率前去。秦军听说齐国大军到了，急忙退回秦国。

秦军退走后，东周君又忧虑起来。他对颜率说："秦军虽然退了，但九鼎还是保不住。齐王一定会来索求九鼎的。"颜率笑了笑说："主公放心，我一定保住九鼎。只是我还得到齐国走一趟。"东周君说："那就有劳先生了。"

颜率来到齐国，齐威王一见他，忙说："先生来得正好，寡人正要派人去取九鼎哩。"颜率说："周天子赖大王发兵相助，君臣父子得保平安，愿意献上九鼎，但不知大王由哪条路运回九鼎啊？"齐威王回答说："寡人将向魏国借道。"颜率说："那可不行。魏国君臣日夜谋划，早就想把九鼎弄到手了。九鼎一旦进入魏国，肯定出不来的。"齐威王说："既然如此，寡人就向楚国借道吧。"颜率摇了摇头说："那更不行了。楚国对九鼎垂涎已久，早在周定王时，楚王就曾向定王的特使王孙满问过九鼎的大小和轻重。如果途经楚国，九鼎照样运不出来。"齐王问道："依先生之见，寡人走哪条路才能把九鼎运回来呢？"颜率说："九鼎非同醋瓶酱坛，可以怀揣手拎；也不能像鸟飞马奔那样，很快就到齐国。当年武王运鼎时，一只鼎使用九万人拉，九只鼎就用了九九八十一万人。至于负责后勤的，也和这个数字相当。眼下，大王即使有这么多的人去运九鼎，也没有一条安全的路可走。这是我为大王担忧的。"齐威王不悦道："先生到齐国来了两趟，却没有把九鼎让给齐国。"颜率忙说："大王息怒！我实在不敢欺骗大王。请大王早日把运鼎的路线定下来，我们好交出九鼎。"齐威王苦思良久，觉得无路可走，最后只得作罢，打消了取鼎的念头。

◎战国形势图◎

颜率用他超人的智慧，为周天子保住了九鼎，也避免了为争夺九鼎而在列国间爆发的一场混战。

赵累献策

阅读提示

宜阳之战，秦国志在必得，韩国势在必守。战争的结局究竟会怎样？周君和赵累各自从不同角度进行了分析。老谋深算的赵累，通过精辟的分析，很有远见地向周君指出了宜阳必定陷落的结局，接着对景翠讲明了各国的利害冲突关系，又用利益诱惑他，使他最终在赵累的谋划中行事。结局是秦国割地，韩国献宝。

原文

秦攻宜阳，周君谓赵累曰："子以为何如？"对曰："宜阳必拔也。"君曰："宜阳城方八里，材士十万，粟支数年，公仲之军二十万，景翠[1]以楚之众临山而救之。秦必无功。"对曰："甘茂[2]，羁旅也，攻宜阳而有功，则周公旦也；无功，则削迹于秦。秦王不听群臣父兄之议而攻宜阳。宜阳不拔，秦王耻之。臣故曰拔。"君曰："子为寡人谋，且奈何？"对曰："君谓景翠曰：'公爵为执圭，官为柱国。战而胜，则无加焉矣；不胜，则死。不如背秦援宜阳，公进兵。秦恐公之乘其弊也，必以宝事公；公中慕公之为己乘秦也，亦必尽其宝。'"

秦拔宜阳，景翠果进兵。秦惧，遽效煮枣，韩氏果亦效重宝。景翠得城于秦，受宝于韩，而德东周。

注释 <<<

①景翠：楚将。楚有景氏。

②甘茂：楚国下蔡人，秦武王时为左丞相。

史纪风云

周赧王四年（公元前311年），秦惠文王病逝，太子嬴荡即位，史称秦武王。

秦武王即位之初，对文臣武将说："父王十七岁即位，在

◎战国 大府盏◎

位二十七年，继承并光大了孝公和商君开创的变法图强之业，屡败魏国，控制了黄河天险，奠定了争霸中原的基础；攻占了巴蜀，吞并了义渠，巩固了后方，使国力大增；用能臣张仪为相，击败了合纵联军，重创楚国，夺取了汉中。我国一跃成为天下第一大国，诸侯无一能与我国抗衡了。寡人荣膺大位，不能愧对祖先，一定要大展宏图，愿众爱卿竭诚尽忠，全力以赴，共创霸业。”文臣武将异口同声地回答说：“唯大王之命是听！”这声音十分响亮，久久地在朝堂上回荡。于是，秦国上下齐心，开始整军备战。

秦武王在即位的第三年，觉得实力已足，便对大将甘茂说：“为了打通进军周王城的通道，建立不朽之功，寡人命你率军出发，攻下韩国的宜阳城！”甘茂说：“孔子的弟子曾参是个德才兼备的贤人。一天，有个和他同名同姓的强盗杀了人，人们误以为是曾参杀了人，忙去告诉他母亲说：‘曾参杀人了！’这时，他母亲正在织布，听了这话，她神色自若，并不相信，照旧织布。过了一会儿，又有人来对他母亲说：‘曾参杀人了！’母亲听了，仍然继续织布。又过了一会儿，第三个人又来了，对他母亲说：‘曾参杀人了！’这回，母亲听了，真的相信了。她吓得走下织机，越墙逃走了。尽管曾参是圣贤之徒，由于三人传讹，母亲终于信以为真了。如今，我的贤德不如曾参，大王对我的信任也不如曾母，国内怀疑我的人又不止三个。因此，恐怕没等我攻下宜阳，大王就不相信我了。何况宜阳是个大城，兵精粮足，易守难攻。我们千里迢迢去攻它，决不是一朝一夕的事。时间一长，难免夜长梦多。”秦武王听了这话，对甘茂说：“你放心带兵去吧，寡人决不改变对你的信任。”为了让甘茂放心打仗，秦武王还郑重其事地和甘茂订了盟约，以示说到做到。因为这盟约是在一个叫息壤的地方订的，所以称为“息壤之盟”。然后，甘茂率军出发了。

甘茂到了宜阳城下，对宜阳城发动了猛烈的攻势，但攻了五个多月，仍未能攻下宜阳。士兵一批批地倒在城下，活着的都丧失了斗志。尽管甘茂一连三次击鼓发动进攻，士兵也不肯上前攻城了。

这时，秦国内部亲韩的大臣和一些宗室长辈纷纷站出来，劝秦武王罢兵休战，秦武王动摇了。他派出特使，召甘茂罢兵回国。甘茂对使者说：“我与大王有‘息壤之盟’，难道大王忘了吗？”使者回报，秦武王猛醒道：“我一时糊涂，几乎误了东进大计。”说罢，立即派大军支援甘茂。

东周君闻讯，问大臣赵累说：“秦王倾全国之兵攻打宜阳，你看这一仗的结果将会如何？”赵累回答说：“依臣之见，宜阳城迟早会被攻破的。”东周君露出怀疑的表情说：“不会吧？宜阳纵横八里，城高池深，城内有精

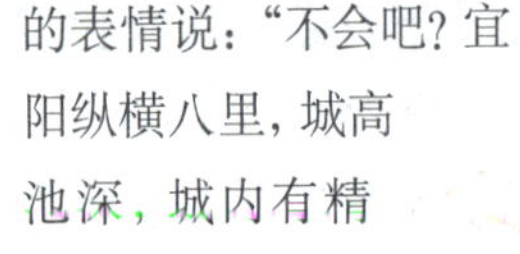

兵十万，储藏的粮食可吃十年。城外还有韩国宰相公仲朋的二十万大军以及楚国大将景翠率领的援军，和城内互为犄角之势。我想秦军不会取得什么战绩的。”赵累解释说：“事情是这样的：甘茂并非秦国人，如果攻下宜阳，他在秦国就会像周公姬旦那样一步登天；如果败下阵来，他在秦国就无法立足了。因此，他会拼命的。再说，秦王不顾多数大臣和宗室长辈的反对，毅然坚持攻打宜阳，如果攻不下来，他会感到羞耻的。因此，他也会全力以赴地支援甘茂的。这样，宜阳是无论如何也守不住了。”东周君听了，点了点头说：“你说得有道理，看来宜阳旦夕可下了。”过了一会儿，东周君又问赵累说：“你为寡人出个主意，我们应该怎么办呢？”赵累回答说：“主公可派一名使者对楚将景翠说：‘将军在楚国爵位最高，官衔最大。这一仗你即使打胜，也不能加官进爵了。但如果打败，你就犯死罪了。因此，为将军打算，不如养兵蓄锐，坐山观虎斗，等秦军攻下宜阳，精疲力尽之时，你再出兵。到那时，秦军怕你乘他们疲惫时攻击他们，必会向你献地的。韩相公仲朋见你出兵，也会向你献宝的。”东周君一听，心中大喜，忙派出一名使者去见楚将景翠。

景翠听取了东周君的建议，对使者说：“请回去代我谢谢东周君，感谢他为我指点迷津，令我茅塞顿开。”说罢，他传下将令，按兵不动了。

不久，秦军攻克宜阳。楚将景翠闻讯，立即下令进军。这时，秦军久战之后，早已精疲力尽，无力再战了，连忙向楚军献地求和。韩相公仲朋见景翠出兵击秦，也向景翠献上重宝。

景翠从秦国得到城池，从韩国得到宝物，全胜而归，保住了自己的爵位和官衔，心中极为感激东周君为他出谋划策。他哪里知道，这是赵累向东周君进献的计策啊！

东周策 东周和西周

阅读提示

说话需要谋划，脱口而出的东西是最没有价值的。说话一定要说到点子上，一定要解决问题，否则宁可不说。这就要求我们在说话前要深思熟虑、谋局排篇。像苏子一样句句都迎合西周君的心思和利益，使西周君觉得“放水”最符合自己的利益，最后轻松地完成了自己的整体战略安排。

原文

东周欲为稻，西周不下水[1]，东周患之。苏子谓东周君曰：“臣请使西周下水，可乎？”乃往见西周之君曰：“君之谋过矣！今不下水，所以富东周也。今其民皆种麦，无他种矣。君若欲害之，不若一为下水，以病其所种。下水，东周必复种稻，种稻而复夺之。若是，则东周之民可令一仰西周，而受命于君矣。”西周君曰：“善。”遂下水。苏子亦得两国之金也。

注释 <<<

①下水：谓使河、洛之水下流，经东周也。

史纪风云

周赧王八年至十五年（公元前307年－公元前300年）之间，东周君和西周君为了争城夺地，开始大动干戈了。

原来，周平王东迁之后，定都于洛水之滨的王城。于是，西周灭亡，东周开始了。传到东周敬王时，他的兄弟王子朝为了争夺王位，发动了内乱。敬王为了躲避战乱，迁都到王城东南的成周。

◎战国 陶杯◎

东周贞定王二十八年（公元前441年），贞定王病逝。太子哀王即位，在位仅三个月就被弟弟思王所杀。思王在位八个月，又被弟弟考王所杀。考王夺得王位后，为了缓解矛盾，封他的弟弟姬揭于王城，因王城地处成周之西，所以称他的弟弟为西周桓公，也称西周君，地位相当于诸侯。这样，在王畿之内出现了一个诸侯国。

西周桓公死后，其子威公继立。威公死后，其少子公子根和太子公子朝争立，国内大乱。这时，韩、赵两国帮助公子根在成周东面的一个叫巩的地方独立，建立了诸侯国。这样，在王畿之内，就有两个诸侯国了。因巩在西周王城之东，所以称为东周。太子朝继承威公做了西周君，而公子根则称为东周君。

我们这篇故事里所要讲的东周和西周，指的就是这两个诸侯国。它们同周武王所建立的“西周”和周平王所建立的“东周”不是一个概念。

再说，到了赧王时代，东周君和西周君又打起来了。一天，西周君对臣下说：“要想战胜东周，光靠我们自己的力量是不行的。依寡人之见，我们必须同楚国、韩国和好，争取他们的支援。”大臣们听了，齐声说：“主公所见极是。”于是，西周君派使者到楚国和韩国去活动。

这时，辩士齐明对东周君说：“主公，微臣担心西周君向楚、韩两国贿献宝物，托两国向我们要地盘啊！”东周君一听，心里慌了，忙问：“这如何是好啊？”齐明回答说：“主公应该赶紧派使者对楚、韩两国国王说：‘西周君虽想献给大王宝物，但他心存观望，正在犹豫不决。现在，如果东周君不急着派兵攻打西周，西周君是不会立即向大王献宝的。’我相信，楚、韩两国国王为了获得宝物，一定会敦促我们尽快出兵攻打西周的。西周君见我们出兵了，一定会慌慌张张向楚、韩两国献宝的。这样，楚、韩两国便会感恩于我们，而西周也将会被削弱的。”东周君一听，连声赞道：“妙计，妙计！”立即如计而行，西周君忙着献出宝物，国家果然被削弱了。

东周和西周打了起来，韩王因得了宝物，要援救西周。东周君又派使者对韩王说："西周原是周天子都城所在地，有很多名器和重宝。大王如果不出兵，不但会使东周君感恩戴德，而且西周君为了求救兵，一定会向韩国献出全部宝物的。"韩王一听这话，便按兵不动了。东周和西周的矛盾越来越激化，虽然两国国君同宗同祖，却变成仇人了。

这年，东周人想要种稻子，西周人地处黄河和洛水上游，听说后，立即把河水截断，不给东周人放水。东周人得不到水，无法种稻子，一个个都愁坏了。苏代见状，对东周君说："主公，微臣想出使西周，让西周人放水，好吗？"东周君高兴地说："先生肯救百姓，那是再好不过了。"说罢，立即准备车马，让苏代上路。

苏代风尘仆仆来到王城，拜见西周君，进言说："主公，你的计谋太失算了。你不向下游放水，岂不是要使东周富起来吗？麦子的产量多大啊！不如向东周放一次水，来涝死他们的麦子。因为麦子是怕水的，放水后，东周人必定会改种稻子。那时，主公再把水截住。东周为了仰仗西周，保住他们的稻子，一定会听主公指使的。"西周君听了这话，高兴地说："太好了。"重赏苏代，然后便向东周放了水。

苏代回到东周，东周君见他求来了水，也重赏了他。

这样，苏代两面受赏，而东周和西周的积怨却越来越深了。

东周策

君臣的毁和誉

阅读提示

对大臣的非议就是对君主的赞美。好与坏，黑与白，高尚与龌龊，是经常转化的。好的东西在一定情景下会成为最为不好的，而不好的东西反而会成为好的。就像大臣的高风亮节会导致君主的猥琐，而大臣的龌龊反而成就了君主的美誉。

原文

周文君免工师藉，相吕仓，国人不说也。君有闵闵[1]之心。

谓周文君曰："国必有诽誉。忠臣令诽在己，誉在上。宋君夺民时以为台，而民非之，无忠臣以掩盖之也。子罕释相为司空，民非子罕而善其君。齐桓公宫中七市，女闾七百，国人非之，管仲故为三归之家，以掩桓公，非自伤于民也？《春秋》记臣弑君者以百数，皆大臣见誉者也。故大臣得誉，非国家之美也。故众庶成强，增积成山。"周君遂不免。

注释 <<<

①闵闵：忧愁的样子。

史纪风云

东周惠公死后，儿子昭文君即位，史称周文君。周文君年轻有为，一面辅佐周天子，一面治理自己的小国——东周。

这时，西周包括谷城、缑氏、王城三地，东周包括平阴、偃师、巩三地，周天子只有成周一地而已。这七块地方在韩国的包围之中，常常处于大国的威胁之下。历代东西二周的国君只能窥伺天下形势，小心翼翼地服事大国，在夹缝中求得生存。

周文君即位后，任命大臣工师藉为相国。工师藉是亲韩派，受到韩国的支持。后来，周文君罢免了工师藉，改任吕仓为相国。

有一天，吕仓给周文君介绍一位客人，周文君接见了这位客人。前任相国工师藉听说后，怕客人在周文君面前说他的坏话，有损他的名誉，便让人对周文君说："客人是一位能言善辩之士，但不可信，因为他好诋毁别人。"

几天后，有关吕仓的坏话多了起来。久之，国人都不喜欢吕仓了。周文君听说国人不喜欢吕仓，心中闷闷不乐，自责道："寡人一时不慎，选错了相国，铸成了大错。"他想换相国，但一时又没有合适的人选。

这时，一位老臣对周文君说："主公近日闷闷不乐，心事很重，不知老臣能否替主公分忧？"周文君说："寡人任人唯贤，让吕仓出任相国。不料国人对他不满，这岂不堪忧！"老臣劝慰道："主公过虑了。在一个国家里，百姓对于君臣总是有毁有誉的。这是正常现象，不足为怪。大凡忠臣，都是把毁谤留给自己，而让赞誉留给君王。想当年，宋平公妨碍农时，让百姓扔下地里的活儿为他建筑高台，老百姓怨气冲天，纷纷责怪他。这时，相国子罕见状，为了遮掩平公的过失，忙辞去相职，去做管理土木工程的司空，亲自执刑杖督工。于是，老百姓就憎恨子罕而喜欢平公了。子罕勇于揽过，可见忠臣用心之苦。还有，当年管仲辅佐齐桓公，九合诸侯，一匡天下，齐国空前富强起来。于是，齐桓公开始过上了奢华的生活。他在后宫设了七条宫市，还在后宫藏了七百名妖艳的娇娃，供自己玩乐。国人见他如此，议论纷纷。管仲见了，忙在自己府内的后园中建起了名为'三归'的豪华高台，借以转移百姓的视线，让百姓不再去注意桓公的事。为了国君，他宁愿自己受到毁伤。子罕和管仲身为名相，舍己保君，这是大忠。其目的是为了国家安定，从而牺牲了个人的名誉。《春秋》一书，所载弑君作乱之事数以百计，无一不是大臣受到百姓的赞誉所致。因此，大臣受到百姓赞誉，决不是好事。大臣深受赞誉，久之会势强震主，正如日积月累能积土成山一样。"周文君听了，恍然大悟，转忧为喜，继续重用吕仓，而没有罢免他。

后来，韩国恃强凌弱，要周文君起用工师藉为相，周文君不为所动，没有答应。

东周策

温人入周

阅读提示

战国时代，东周的实力越来越弱，表面上还是名义上的天子，但天下已是群雄割据，早已不把天子放在眼里。聪明的温人，巧妙地把握东周天子害怕被人遗忘的心态，用看似憨直的道理为自己争得了自由。

原文

温人之周，周不纳客。即对曰："主人也。"问其巷而不知也，吏因囚之。

君使人问之曰："子非周人，而自谓非客，何也？"对曰："臣少而诵《诗》，《诗》曰：'普天之下，莫非王土。率土之滨，莫非王臣。'①今周君天下，则我天子之臣，而又为客哉？故曰'主人'。"君乃使吏出之。

注释 <<<

①这四句诗，见《诗经·小雅·北山》。

◎战国 錾子◎

史纪风云

魏国有个叫温的地方。一天，这里有个人擅自进入东周境内。东周把守边境的士兵将他捉住，喝问道："说！为什么擅自入境？"那人回答说："我是这里的主人，怎么是擅自入境呢？"守军又问道："你家住在东周何处？巷名是什么？"那人吞吞吐吐，半天答不上来。守军见状，便把他囚禁起来。

守军把此事上报东周君，东周君派出一位大臣前来过问此事。大臣问那人说："你本不是东周人，却自称是主人，不是客人，这是为什么呢？"那人回答说："我自幼诵读《周诗》。《周诗》说：'普天之下，莫非王土；率土之滨，莫非王臣。'如今周天子君临天下，天下人都是周天子的臣属，我也不能例外，怎么倒成了客人呢？因此，我也是这里的主人。"

大臣据此回奏，东周君听了，十分动情地说："'普天之下，莫非王土'，现在除了王畿，还有哪里是王土啊？'率土之滨，莫非王臣'，现在还有多少人是王臣啊？这人虽不是东周人，却自称是'王臣'，倒也忠厚可嘉，就放了他吧。"大臣得令，立即通知把守边境的士兵放了那人。

冯且除奸

阅读提示

战国的时候，诸侯争霸，互派间谍刺探对方，已是相当普遍。冯且巧使反间计，致叛国者昌他于死地。此手段不能不说很老辣。为了大道大义、为了抑制人性中的邪恶，采取一些谋划和手段是十分必要的。

原文

昌他亡西周之东周，尽输西周之情于东周。东周大喜，西周大怒。冯且[①]曰：“臣能杀之。”君予金三十斤。冯且使人操金与书，间遗昌他。书曰：“告昌他：事可成，勉成之；不可成，亟亡[②]来亡来。事久且泄，自令身死！”因使人告东周之候曰：“今夕有奸人当入者矣。”候得而献东周，东周立杀昌他。

注释 <<<

①冯且：西周臣。且，同“雎”。

②亡：逃也。

史纪风云

有一天，东周君正在朝中理事，大臣进来报告说：“主公，西周大夫昌他求见。”东周君一愣，问道：“他来做什么？”大臣回答说：“他是特地从西周跑来投奔主公的。”东周君一听，喜上眉梢，说道：“快让他进来！”

昌他走上大殿，见了东周君，行了大礼。参拜已毕，东周君赐坐。东周君问道：“大夫来投寡人，有何见教啊？”昌他回答说：“良禽择木而栖，贤臣择主而事。听说主公礼贤下士，勤政爱民，外臣昌他特来投效。”东周君说：“大夫来投，实是寡人之幸。”他将昌他留下，委以重任。昌他将他所知道的西周一切内情都告诉了东周君。

西周君听说昌他外逃，勃然大怒道：“反了！反了！这如何是好！”他正在暴跳如雷时，大臣冯且上前说：“主公息怒，微臣能杀昌他。”西周君问道：“他已逃入东周，你有何计能杀他？”冯且说：“主公，请给微臣三十镒金，微臣自有办法。如不能杀昌他，微臣愿提头来见。”西周君犹豫了一下，心想：冯且一向足智多谋，既然以脑袋担保，必有良策。于是，他命人取来三十镒金，交给了冯且。

冯且回到家中，修书一封，命人带着三十镒金和这封信到东周去，嘱咐说：“你带着信和三十镒金，到东周去交给昌他。路上要小心，不要走得太急，免得引起别人注意。”

送信的人走后，冯且又找来一个家人，吩咐他说：“你立即动身到东周去，告诉东周的侦探说：‘今晚有西周的奸细入境。’一路小心，动作要快。”家人领命而去。

这天夜里，东周的侦探将三十镒金和那封信截获，呈给东周君。东周君展信一看，只见上面写道：“告昌他得知：事情如果能够办成，就努力办成它；如果不能办成，就赶紧逃回来，免得机密泄露，白白送了性命。”东周君看罢，拍案大怒。天明后，东周君命人将昌他推出去斩首了。

西周策 苏代排忧

阅读提示

公元前300年，楚国攻打韩国的雍氏，韩国向周求援。苏代开始了一次成功的游说活动。苏代凭借着自己化腐朽为神奇的谋略与口才，最终不仅解决了难题，而且给西周带来了意外的收获。周君的喜悦，可想而知。

原文

雍氏之役，韩征甲与粟于周。周君患之，告苏代[1]。苏代曰："何患焉？代能为君令韩不征甲与粟于周，又能为君得高都。"周君大悦，曰："子苟能，寡人请以国听。"

苏代遂往见韩相国公中，曰："公不闻楚计乎？昭应谓楚王曰：'韩氏罢[2]于兵，仓廪空，无以守城，吾收之以饥，不过一月，必拔之。'今围雍氏五月，不能拔，是楚病也。楚王始不信昭应之计矣，今公乃征甲及粟于周，此告楚病也。昭应闻此，必劝楚王益兵守雍氏，雍氏必拔。"公中曰："善。然吾使者已行矣。"代曰："公何不以高都与周？"公中怒曰："吾无征甲与粟于周，亦已多矣！何为与高都？"代曰："与之高都，则周必折而入于韩。秦闻之，必大怒，而焚周之节[3]，不通其使，是公以弊高都得完周也，何不与也？"公中曰："善。"不征甲与粟于周而与高都。楚卒不拔雍氏而去。

注释 <<<

①苏代：战国辩士。苏秦之兄。

②罢：同"疲"。

③节：符信。国家间互通使者的证物。

史纪风云

周赧王十五年（公元前300年），西周君正在和相国商量国事，一个大臣进来报告说："主公，韩国使者求见。"西周君说："快请进来。"

韩国是七雄之一，西周君不敢得罪。韩使见了西周君，开门见山地说："我们大王命我前来，不为别事，只因楚、韩两国正在交兵，已进入胶着状态，韩军急需衣甲和粮食，请主公相助。"西周君听了，略一皱眉，马上又露出笑脸说："请特使先到客馆中暂歇，容寡人筹划一下。"韩使下殿，到客馆去了。

原来，这时楚国正在攻打韩国的雍氏城，韩国士兵缺少衣甲和粮食。

韩使下殿后，西周君满面愁云，对于韩使的要求，不答应吧，怕强大的韩国翻脸来攻；答应吧，国小民穷，到哪里去筹衣甲和粮食啊？这时，苏代上前说："主公，我愿为您排忧解难。我能让韩国不来向主公索求衣甲和粮食，还能让韩国将高都城献给主公。"西周君闻言大喜，对苏代说："先生如能做到你所说的，寡人将举国听你的。"说罢，用车马送苏代上路。

苏代到了韩国，求见相国公仲朋，进言说："相国难道不知道楚国君臣的谋划吗？当初，楚将昭应出兵时，曾向楚王保证说：'韩军已经疲于征战，粮库也空了，我们趁此机会去攻韩国的雍氏城，不到一个月就可以攻下。'如今昭应围攻雍氏城已有五个月了，但仍未攻下。楚军已经疲困，楚王对昭应已经不信任了。在此关键时刻，相国向西周索求衣甲和粮食，岂不是向楚国显示韩军已陷入困境了吗？昭应闻知此事，一定会向楚王要求增兵的。楚王一旦增兵，雍氏城肯定会被攻下的。"公仲朋说："先生说得有理，但我的使者已经派出去了。"苏代说："这好办，相国可以把高都城送给西周啊。"公仲朋一听这话，顿时火了，发怒说："我不向西周索求衣甲和粮食，就已经不错了，怎么还要给它一座城呢？"苏代说："给西周高都城，西周肯定会脱离秦国，归附韩国。这是失掉一座城而得到一个国家啊，有什么不可以给的呢？"公仲朋听了，转怒为喜道："先生所见极是。"说罢，立即召回使者，并将高都城送给了西周。

楚王见昭应屯兵于坚城之下，久而无功，不久便下令撤兵了。

◎战国 镶嵌龙凤纹壶◎
容酒器，有圆锥形盖，大口，颈向下斜收，鼓腹，圈足外侈。盖顶有衔环钮套提链，壶颈侧设龙耳，两耳上套铸提链，此链与壶盖提链相接。

秦策一 五马分尸

阅读提示

从商鞅由魏入秦，实施变法，到相权与君权发生冲突，最终被杀，说明商鞅以强力推行法制的做法，只能以身败名裂而告终。商鞅车裂而秦人不加同情，正是其“刻深寡恩”的佐证。

原文

卫鞅[1]亡魏入秦，孝公以为相，封之于商，号曰商君。商君治秦，法令至行，公平无私，罚不讳强大，赏不私亲近。法及太子，黥劓其傅。期年之后，道不拾遗，民不妄取，兵革大强，诸侯畏惧。然刻深寡恩[2]，特以强服之耳。

孝公行之八年，疾且不起，欲传商君，辞不受。孝公已死，惠王代后，莅政有顷，商君告归。

人说惠王曰：“大臣太重者，国危；左右太亲者，身危。今秦妇人婴儿皆言商君之法，莫言大王之法，是商君反为主，大王更为臣也。且夫商君，固大王仇雠也，愿大王图之。”商君归还，惠王车裂之，而秦人不怜。

注释 <<<

①卫鞅：卫国公子，名鞅，又称公孙鞅。

②刻深寡恩：严苛而少仁惠。

史纪风云

周显王三十一年（公元前338年），支持商鞅变法的秦孝公病危了。

为了托付后事，秦孝公将商鞅叫到病榻前，对商鞅说：“秦国可以没有寡人，但不能没有先生。寡人死后，就由先生担任秦国的国君吧。”

原来，商鞅本是卫国公族子孙，原在魏国做官。因魏惠王不重用他，才来到秦国，帮助秦孝公推行新法，让秦国富了起来。秦孝公

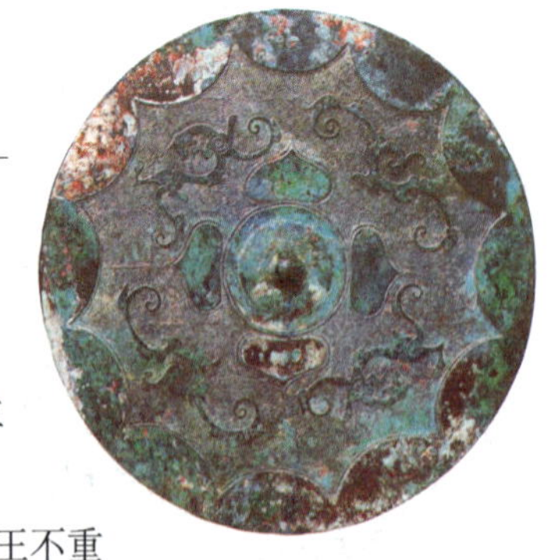

◎战国 铜镜◎

◎战国早期 交龙纹鼎◎

为了答谢商鞅，将商地封给他，号为商君，对他深为倚重。

秦孝公病危时，商鞅入秦已经二十五年了。在他的治理下，秦国路不拾遗，夜不闭户，兵强马壮，诸侯无不畏惧秦国。

秦孝公自知不久于世，不能不考虑后事了。他深知要想让秦国早日统一天下，唯一的办法是让商鞅担任秦国的国君。因此，他才对商鞅说了上面这番话。

商鞅听说秦孝公让他出任国君，忙跪倒在地，痛哭流涕地说："此事万万不可！主公知遇之恩，微臣没齿不忘。但秦国的江山是太子的，微臣不能据为己有。微臣一定会全力辅佐太子的。"秦孝公听了，叹了一口气说："但愿太子能听先生的。"说完，便瞑目而逝了。

秦孝公死后，太子嬴驷即位，即惠文君，七年后称王，史称秦惠文王。他的老师公子虔当年反对变法，被商鞅割下了鼻子。公子虔见如今孝公已死，自己的学生成了一国之主，大喜道："好个商鞅，你的靠山倒了，叫你尝尝我的厉害吧！"不久，他指使门人对秦惠文王说："大臣之权过重就会危及国家，左右的人太亲近就会危及自身。现在，秦国之内连妇人孺子都在谈商鞅新法，而无人谈主公之法。这岂不是商鞅成了国君，主公反成人臣了吗？更何况商鞅是主公的仇人哩！请主公想法除掉他。"惠文王说："说得对，多亏你提醒寡人。"于是，他下令逮捕商鞅，将商鞅五马分尸。富国强兵、让秦国跃居七雄首位的一代贤臣就这样含冤而死了。

历代名家点评

毛泽东：商鞅之法，良法也。今试一披吾国四千年之记载，而求其利国福民伟大之政治家，商鞅不首屈一指乎？

司马光：昔齐桓公不背曹沫之盟，晋文公不贪伐原之利，魏文侯不弃虞人之期，秦孝公不废徙木之赏。此四君者，道非粹白，而商君尤称刻薄，又处战攻之世，天下趋于诈力，犹且不敢忘信以畜其民，况为四海治平之政者哉！

秦策一 苏秦佩六国相印

阅读提示

苏秦是战国时期最著名的说客、谋士。合纵，即“合众弱以攻一强”。南北为纵，是以魏国、韩国、赵国为中心，北联燕国，南联楚国，东联齐国，共同联合起来对付秦国的战略。此战略的核心人物即是苏秦。

原文

苏秦曰：“臣固疑大王之不能用也。昔者神农伐补遂，黄帝伐涿鹿而禽蚩尤，尧伐驩兜，舜伐三苗，禹伐共工，汤伐有夏[①]，文王伐崇，武王伐纣，齐桓任战而伯天下。由此观之，恶有不战者乎？古者使车毂击驰，言语相结，天下为一；约从连横，兵革不藏；文士并饬，诸侯乱惑；万端俱起，不可胜理；科条[②]既备，民多伪态；书策稠浊，百姓不足；上下相愁，民无所聊；明言章理，兵甲愈起；辩言伟服，战攻不息；繁称文辞，天下不治；舌弊耳聋，不见成功；行义约信，天下不亲。于是，乃废文任武，厚养死士，缀甲厉兵，效胜于战场。夫徒处而致利，安坐而广地，虽古五帝、三王、五伯，明主贤君，常欲坐而致之，其势不能，故以战续之。宽则两军相攻，迫则杖戟相橦，然后可建大功。是故兵胜于外，义强于内，威立于上，民服于下。今欲并天下，凌万乘，诎敌国，制海内，子元元，臣诸侯，非兵不可。今之嗣主，忽于至道，皆惛于教，乱于治，迷于言，惑于语，沉于辩，溺于辞。以此论之，王固不能行也。”

注释 <<<

①有夏：指夏桀王。

②科条：法律章程。

◎战国　陶人头◎

史纪风云

秦孝公死后，秦惠文王即位。他刚杀商鞅不久，一天，内臣来报：“洛阳苏秦求见。”秦王说：“让他进来吧。”

苏秦是东周洛阳人，曾学纵横术。所谓纵横术，包括合纵和连横两个内容。合纵指联合众多弱国进攻一个强国，连横指服从一个强国进攻众多弱国。苏秦学成纵横术之后，从洛阳出发，西行入函谷关，来游说秦王，想让秦王重用他，从而帮助秦王统一天下。苏秦见了秦王，礼毕，秦王问道：“先生有何见教啊？”苏秦进言道：“大王之国，西有巴蜀、汉中的富饶物产，北有来自少数民族的贵重兽皮和代地的良马，南有巫山、黔中作为屏障，东有崤山、函谷作为要塞。田地肥美，百姓殷富，战车万辆，雄兵百万。大王真可以兼并诸侯，统一天下哩。大王如有此意，臣愿助大王成功。”秦王说：“寡人听说羽毛不丰满的鸟不可以高飞，道德不厚重的人不可以役民。先生不远千里前来教导寡人，寡人细想，此事还是以后再说吧。”苏秦接着说：“大王，自古以来，黄帝擒杀蚩尤，夏禹攻打共工，商汤伐桀，周武灭商，没有不使用武力的。如今要想统一天下，非用兵不可。”秦王刚杀商鞅，对东方六国来的人存有戒心，便婉言拒绝了苏秦的游说。

◎战国 三狼噬羊铜扣饰◎
此扣饰表现一头岩羊遭遇三只狼袭击的场面。滇国墓地中出土过大量动物搏斗图案的铜扣饰，这种图案在中原商周和东南亚青铜文化中极少见到。

苏秦回到客馆，并不灰心，一连给秦王写了十封信，陈述自己的主张，秦王仍然不肯采纳。苏秦在秦国住了半年多，身上的貂皮袄穿破了，袋里的百斤黄金花光了，再也住不下去，只得动身回家。

苏秦一路风尘仆仆，到家时，腿上绑着裹腿，脚上穿着草鞋，又黑又瘦，一副狼狈的样子。见了家中亲人，他心中十分惭愧。

亲人们见他落魄而归，对他都很冷淡。妻子不肯走下织机迎接他，嫂子不愿给他做饭，父母也不同他说话。苏秦见状，长叹一声说：“妻子不拿我当丈夫，嫂子不拿我当小叔子，父母不拿我当儿子，这都是我的不是啊！我一定要发愤图强，给亲人们争光，给自己争口气！”说完，他走进书房，把门关上，认真考虑下一步应该如何走。

这天夜里，苏秦打开几十个书箱，从中翻出《太公阴符》。这是西周开国功臣姜太公写的兵书。苏秦想：“我一定要读通这部书，不信各国君主不把金玉锦绣拿出来赏给我，不信他们不把卿相之位封给我。”

从这天开始，除了吃饭之外，苏秦都把自己关在书房里，没日没夜地苦读。夜里读困了，想要睡觉时，他就用锥子刺自己的大腿，刺得鲜血直流，一直流到脚下。这样，他就不再困倦，可以继续读书了。

苏秦在书房苦读一年之后，终于读通了《太公阴符》。这时，他自信地说：“这回真可以游说当世的君主了。”于是，苏秦北上邯郸，游说赵王。赵王大悦，封他为武安君，交给他相印，为他准备革车百辆，锦绣万匹，白璧百双，黄金万镒，让他去游说东方各国诸侯，好联合起来，一致对付秦国。各国诸侯纷纷响应，苏秦从一个穷巷的书生一步登天了。

这天，苏秦要南下游说楚王，正好路过洛阳。父母听说儿子出息了，特地打扫住室，置酒设乐，到郊外三十里地迎接苏秦。妻子见了苏秦，不敢正视。苏秦说话时，她总是毕恭毕敬地侧耳倾听。嫂子因当初不肯给他做饭，如今见了苏秦，吓得匍匐在地，膝行而前，拜了四拜，向苏秦谢罪。苏秦问道：“嫂子，你为何前倨后恭啊？”嫂子回答说：“因为小叔做了大官，而且还有很多金子啊！”苏秦听了，叹了口气说：“唉！贫穷时父母不肯拿你当儿子，富贵时连亲戚都会怕你。人生世上，怎能轻视权势、官位和富贵呢！”

历代名家点评

扬子《法言》：“仪、秦学乎鬼谷术而习乎纵横言，安中国者各十馀年，是夫？”曰：“诈人也。圣人恶诸。”

◎战国 铜矛◎

秦策二 张仪计骗楚王

阅读提示

秦国为了拆散齐国和楚国的联合，派张仪出马。骗子张仪、昏君怀王、智士陈轸，合演了一台好戏。谁要相信天上会掉馅饼，结局就会如此。张仪的游说气势恢弘、气度非凡，排山倒海之势与反复论证、不证自明的理性力量相融合，产生了令人不能不折服的感染力和说服力。同时也反映了战国时期政治斗争的复杂与尖锐。

原文

齐助楚攻秦，取曲沃。其后秦欲伐齐，齐楚之交善，惠王患之。谓张仪曰："吾欲伐齐，齐楚方欢，子为寡人虑之，奈何？"张仪曰："王其为臣约车并币[①]，臣请试之。"

张仪南见楚王，曰："弊邑之王所说甚者，无大大王；唯仪之所甚愿为臣者，亦无大大王。弊邑之王所甚憎者，亦无先齐王；唯仪之甚憎者，亦无大齐王。今齐王之罪，其于弊邑之王甚厚，弊邑欲伐之，而大国与之欢，是以弊邑之王不得事令，而仪不得为臣也。大王苟能闭关绝齐，臣请使秦王献商於之地方六百里。若此，齐必弱，齐弱则必为王役矣。则是北弱齐，西德于秦，而私商於之地以为利也。则此一计而三利俱至。"

楚王大说，宣言之于朝廷，曰："不穀得商於之田方六百里。"群臣闻见者毕贺，陈轸后见，独不贺。楚王曰："不穀不烦一兵，不伤一人，而得商於之地六百里，寡人自以为智矣。诸士大夫皆贺，子独不贺，何也？"陈轸对曰："臣见商於之地不可得，而患必至也，故不敢妄贺。"王曰："何也？"对曰："夫秦所以重王者，以王有齐也。今地未可得，而齐先绝，是楚孤也。秦又何重孤国？且

注释 <<<

①约车并币：准备车辆和玉、帛一类礼物。并，聚积。

②惋：怨恨。

③广从：宽长。

先出地绝齐，秦计必弗为也。先绝齐，后责地，且必受欺于张仪。受欺于张仪，王必惋[2]之。是西生秦患，北绝齐交，则两国兵必至矣。”楚王不听，曰：“吾事善矣！子其弭口无言，以待吾事！”楚王使人绝齐，使者未来，又重绝之。

张仪反，秦使人使齐，齐、秦之交阴合。楚因使一将军受地于秦。张仪至，称病不朝。楚王曰：“张子以寡人不绝齐乎？”乃使勇士往詈齐王。张仪知楚绝齐也，乃出见使者，曰：“从某至某，广从[3]六里。”使者曰：“臣闻六百里，不闻六里。”仪曰：“仪固以小人，安得六百里？”使者反报楚王，楚王大怒，欲兴师伐秦。陈轸曰：“臣可以言乎？”王曰：“可矣。”轸曰：“伐秦非计也，王不如因而赂之一名都，与之伐齐，是我亡于秦而取偿于齐也。楚国不尚全乎。王今已绝齐，而责欺于秦，是吾合齐秦之交也，国必大伤！”

楚王不听，遂举兵伐秦。秦与齐合，韩氏从之。楚兵大败于杜陵。故楚之土壤士民非削弱，仅以救亡者，计失于陈轸，过听于张仪。

  史纪风云

周赧王二年（公元前313年），齐国协助楚国进攻秦国，夺取了曲沃城。

战事结束后，秦惠文王为了报仇，想攻打齐国，但又担心齐国和楚国正在和好，因此不敢发兵攻齐。

有一天，秦王问张仪说：“寡人想攻打齐国，但齐、楚关系很好，你为寡人想想，该如何办呢？”张仪回答说：“大王可以为臣准备好车马和礼物，臣到楚国去试试。”

张仪南行拜见楚王说：“寡君所最喜欢的，无过大王了；张仪所最愿称臣的，也无过大王了。寡君所最憎恨的，无过齐王了；张仪所最憎恨的，也无过齐王了。但大王却与齐王友好，以致寡君不能事奉

大王，张仪也不能做大王的臣子。如果大王能与齐王绝交，我会让秦王献出商於之地六百里给大王。这样，齐国必弱，楚国必强，齐国一定得听楚国的了。北弱强齐，西联强秦，坐收商於之地，这岂不是一举三得吗？”

楚王闻言大喜，在朝堂上宣布说：“寡人从秦国得到商於之地六百里。”群臣听说后，都向楚王祝贺。陈轸随后赶到，听到这个消息后，并不祝贺。楚王问陈轸道：“寡人不费一兵，不伤一卒，坐收商於之地六百里，寡人认为这是上上之智了。群臣听说后，都向寡人祝贺，为什么唯独你不祝贺呢？”陈轸回答说：“臣认为商於之地得不到，而祸难却会降临，所以不敢妄加祝贺。”楚王问道：“这是为什么呢？”陈轸答道：“秦王之所以重视大王，是因为大王有齐国作为友好邻邦。如今，尚未得到土地，先与齐国绝交，我们楚国会孤立的。秦王怎么会重视一个孤立无援的国家呢？如果让秦国先割地，我国后与齐国绝交，秦王肯定不答应。如果我们先与齐国绝交，然后向秦国索地，那就一定会上张仪的当。大王受张仪之骗后，一定会对秦国发怒。那时，秦、齐两国的军队都会打上门来的。”楚王不听陈轸的话，对他说：“闭上你的嘴，不要说了，等着寡人的好事吧。”楚王派出使者，到齐国去声明绝交。使者还未回来，又派出使者去重申绝交之意。

张仪回秦国后，秦王见楚国真的上当了，又改变了策略，派使者到齐国去，暗中和齐国建交了。

楚王派一名将军到秦国接收商於之地，张仪称病不朝，躲避楚将。楚将见不到张仪，只得派使者回国报告楚王。楚王说：“张仪一定以为寡人不肯与齐国绝交吧？”于是，又派出一名勇士去骂齐王。张仪听说后，这才出来见楚将，拿出地图指给楚将说：“从这儿到这儿，纵横各六里。”楚将说：“我听楚王说是六百里，没听说是六里。”张仪说：“我本是小人物，怎拿得出六百里啊？”楚将不敢接收，只得返回楚国。

楚王闻讯大怒，要发兵攻打秦国。陈轸进见楚王说：“大王，我可以开口说话了吧？”楚王说：“可以了。”陈轸说：“此时伐秦是个失策。依臣之见，不如贿赠秦国一座城池，与秦国联兵伐齐。这样，我们虽未从秦国得到土地，却还可以从齐国获得土地。如今，大王已经和齐国绝交了，如果再发兵攻秦，岂不会促使秦、齐和好吗？到那时，国家会受到更大损伤的。”楚王不听陈轸之言，发兵攻打秦国。秦、齐联兵，韩国协助，楚军大败于杜陵。楚国本来地大物博，却仅仅落了个暂时幸免灭亡的下场，这都是因为楚王不听陈轸之计，过于听从张仪之言。

◎战国 玉器◎

秦策二 公孙衍见义渠国君

阅读提示

义渠在秦国的后方，和秦国经常发生冲突。公孙衍能把握义渠君的短暂来访，向其说明袭击秦国的时机问题。公孙衍精心布下的一着棋，这时生效了。读罢，不得不佩服公孙衍的智谋与眼光。

原文

义渠君[①]之魏，公孙衍谓义渠君曰："道远，臣不得复过矣！请谒事情。"义渠君曰："愿闻之。"对曰："中国无事于秦，则秦且烧焫[②]获君之国，中国为有事于秦，则秦且轻使重币[③]而事君之国也。"义渠君曰："谨闻令。"

居无几何，五国伐秦。陈轸谓秦王曰："义渠君者，蛮夷之贤君，王不如赂之以抚其心。"秦王曰："善。"因以文绣千匹，好女百人，遗义渠君。

义渠君致群臣而谋曰："此乃公孙衍之所谓也。"因起兵袭秦，大败秦人于李帛之下。

注释 <<<

①义渠君：西北少数民族小国的君主。

②烧焫（ruò）：焚烧。

③轻使重币：快使与重礼。

史纪风云

在秦国西方有个义渠国，是个西戎小国。

周慎靓王三年（公元前318年），义渠国君出访魏国。魏国大臣公孙衍见了义渠国君，对他说："路途遥远，外臣再没有机会到贵国去了。外臣想告诉你一件事。"义渠国君说："我很愿意听。"公孙衍说："如果中原诸侯不进攻秦国，秦国就会摧毁贵国；如果中原诸侯进攻秦国，秦国就会向贵国进献重礼的。"义渠

◎战国 嵌绿松石铜镯◎

全套八件，出土时四镯为一组，分别佩戴于墓主人左、右手臂上。镯面均镶嵌绿松石两周，青黑的铜色与绿松石相间衬托，改变了青铜镯单一的色彩，使镯色显得高雅，增加了美感和艺术效果。

国君说："多谢先生指教。"

过了不久，赵、魏、韩、楚、燕五国联兵伐秦。陈轸对秦王说："义渠国君是蛮夷的贤君，大王不如贿赂他，借以笼络他的心，免得他和东方诸侯左右夹击我们。"秦王说："对！"于是，送给义渠国君锦绣一千匹，美女一百名。

义渠国君召集群臣，谋划说："这就是公孙衍所说的事啊。"于是起兵袭击秦国，大败秦军。

秦策二 扁鹊怒投石针

阅读提示

秦武王请扁鹊治病，却又听左右的话，干扰扁鹊的诊治，引起了扁鹊的愤慨。医人和医国虽然不同，但在听取专家意见，不胡乱采纳意见上是一致的。在施政时，最忌讳不能果断决策，所以要在听取所有合理建议的基础上迅速、准确地决策，不能摇摆不定，贻误时机。

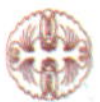

原文

医扁鹊见秦武王，武王示之病，扁鹊请除[1]。左右曰："君之病，在耳之前，目之下，除之未必已也，将使耳不聪，目不明。"君以告扁鹊。扁鹊怒而投其石："君与知[2]之者谋之，而与不知者败之！使此知秦国之政也，则君一举而亡国矣！"

注释 <<<

①除：医除。

②知：掌管，料理。

史纪风云

有一天，神医扁鹊到了秦国。

秦武王听说神医来了，忙派人把他请进宫中，对他说："寡人有病在身，请神医为寡人医治。"扁鹊为秦武王检查后，安慰说："这病可以治，要用针刺进行治疗。"

那时，针刺用的是石针。扁鹊走后，秦王左右的人对秦王说："大王，你的病在耳朵前面，眼睛下面，针刺治疗未必见效，恐怕还会被弄得耳聋眼瞎。"秦王听了，心中害怕了。

第二天，扁鹊带来石针，正要给秦王针刺，秦王说："寡人左右的人担心针刺会导致耳聋眼瞎。"扁鹊听了，心中大怒，将石针摔在地上说："大王与内行人商量好的，又和外行人推翻了。如果这样处理秦国的内政，大王会一举亡国的。"

扁鹊说完，怒冲冲地走了。

◎神医扁鹊◎

※知识链接※

相传扁鹊把自己的行医经验加以总结，取名《黄帝八十一难经》，简称《难经》，全书八十一篇。这是中医学的一部重要著作，在祖国医学的发展中占有一定的地位。

◎扁鹊铜像◎

扁鹊是战国医学家。姓秦，名越人，齐国渤海卢（今济南市长清县）人。中国传统医学的鼻祖之一，对中医药学的发展有着特殊的贡献。扁鹊年轻时虚心好学，刻苦钻研医术。他把积累的医疗经验，用于平民百姓，周游列国，到各地行医，为民解除痛苦。由于扁鹊医道高明，为百姓治好了许多疾病，赵国劳动人民送他“扁鹊”称号。扁鹊，传说是黄帝时代的名医。

范雎说秦王

秦策三

阅读提示

在范雎明确提出“不如远交而近攻”之后，秦国目标明确、成绩显著，一步步地并吞诸侯，完成统一大业。范雎的话，正是抓住了秦国统治者的内部矛盾，因而也抓住了秦昭王的心。

原文

应侯[1]谓昭王曰：“亦闻恒思[2]有神丛与？恒思有悍少年，请与丛博，曰：‘吾胜丛，丛籍我神三日；不胜丛，丛困我。’乃左手为丛投，右手自为投，胜丛，丛籍其神。三日，丛往求之，遂弗归。五日而丛枯，七日而丛亡。今国者王之丛，势者王之神，籍人以此，得无危乎？臣未尝闻指大于臂、臂大于股，若有此，则病必甚矣。百人舆瓢而趋，不如一人持而走疾；百人诚舆瓢，瓢必裂。今秦国，华阳用之，穰侯用之，太后用之，王亦用之；不称瓢为器则已，已称瓢为器，国必裂矣。

“臣闻之也：‘木实繁者枝必披，枝之披者伤其心；都大者危其国，臣强者危其主。’其令邑中自斗食以上，至尉、内史，及王左右，有非相国之人者乎？国无事则已；国有事，臣必闻见王独立于庭也！臣窃为王恐，恐万世之后，有国者非王子孙也！臣闻古之善为政也，其威内扶，其辅外布，四治政不乱不逆；使者直道而行，不敢为非。今太后使者分裂诸侯，而符布天下；操大国之势，强征兵，伐诸侯。战胜攻取，利尽归于陶；国之币帛，竭入太后之家；竟内之利，分移华阳。古之所谓危主灭国之道，必从此起。三贵竭国以自安，然则令何得从王出？权何得毋分？是我王果处三分之一也。”

注释 <<<

①应侯：范雎封号。

②恒思：地名。

史纪风云

秦武王是个大力士，喜欢同别人角力。周赧王八年（公元前307年），秦武王与大力士孟说比赛举鼎。秦武王因用力过度，折断胫骨，于当年八月死去。

秦武王死后，因为他没有儿子，所以诸弟争位，都想做秦王。公子壮是秦武王的同母弟，得到惠文王后和武王后的拥戴；公子稷是秦武王的异母弟，得到生母惠文王妃和舅舅魏冉的拥戴。双方争战达三年之久。最后，因魏冉在武王时就曾任职用事，势力较强，所以公子稷一派获胜，公子稷即位，史称秦昭襄王。

秦昭襄王即位后，封生母为宣太后，任命舅舅魏冉为将军，掌握了秦国的兵权。秦昭襄王七年（公元前300年），秦昭襄王又任命魏冉为相国。秦昭襄王即位当时，由于年少，不能处理国家政事，由魏冉辅佐太后执政，所以大权都掌握在太后和魏冉手里。太后还有三个弟弟也都出任将军，各有封邑，富甲王室，与魏冉合称“四贵”。秦昭襄王六年（公元前301年），秦军攻克韩国穰城，魏冉将穰城作为自己的封邑，号称穰侯。魏冉成了秦国实际上的国王，昭襄王徒有虚名而已。

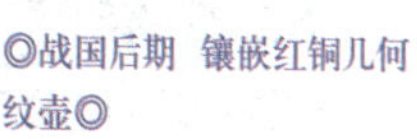

◎战国后期　镶嵌红铜几何纹壶◎

秦昭襄王三十七年（公元前270年），魏冉为了扩大自己的封邑，发兵进攻齐国的边城。这时，魏国人范雎来到秦国，上书秦王，详述自己对秦国大政的看法。秦王览信，拍案叫绝道：“这信写得太好了，正合寡人之心。此人真是旷世奇才，不能不见。”于是，特地安排范雎到离宫进见。

到了进见那天，范雎刚一入宫，秦王就迎了出来，并以师礼相见。入座后，秦王谦虚地说：“先生不远千里来到秦国，若见国事有何不妥之处，请不吝赐教。”范雎见秦王态度极为诚恳，便说：“秦国地势险固，沃野千里，以大王之英明，定能称霸天下。但失策在于

※知识链接※

范雎在秦任丞相十多年，其“远交近攻”的谋略对后用兵有着深远的影响。此外，其“固干削枝”的平内策略，以及长平之战所施反间之计，也非常让人叹服。

范雎不仅是秦国历史上智谋深远的名相，也是我国古代不可多得的政治谋略家。他为秦统一天下发挥过巨大的作用。然而，就是这样一位对秦国有巨大贡献者，却为了一己私利，在用人问题上一步步走上了腐败的道路，犯下了不可饶恕的罪过。

◎秦王请教范雎◎

越过韩、魏两国，远攻强大的齐国，如此舍近求远，少出兵则无损于齐国，多出兵则国内空虚。将来即使侥幸取胜，夺取城池，因为远离本国，也不能长期据守，毫无实惠。依臣之见，大王应该远交近攻。这样，攻下的土地因在近处，易于控制，攻下一寸土地便是大王的一寸土地，长此下去，便可蚕食天下了。韩、魏两国位居天下中枢，又靠近秦国，这是大王首先应该留意的。”一席话说得秦王茅塞顿开，如拨云雾而见青天，大喜道：“先生真是目光如炬，看事入木三分啊！”于是，秦王听从范雎之言，改变了国策，下令停止进攻齐国。

历代名家点评

李斯《谏逐客书》：昭王得范雎，强公室，杜私门，蚕食诸侯，使秦成帝业。

司马迁：一饭之德必偿，睚眦之怨必报。

秦策三

攻地和攻人

阅读提示

范雎在战争前建议秦王，不要只攻取对方的土地，还要攻取对方的人。这个故事告诉我们：在军事行动当中，科学而又合理地选择攻击目标尤为重要。

原文

秦攻韩，围陉[1]。范雎谓秦昭王曰："有攻人者，有攻地者。穰侯十攻魏而不得伤者，非秦弱而魏强也，其所攻者地也。地者，人主所甚爱也。人主者，人臣之所乐为死也。攻人主之所爱，与乐死者斗，故十攻而弗能胜也。今王将攻韩围陉，臣愿王之毋独攻其地，而攻其人也。王攻韩围陉，以张仪为言。张仪之力多，且削地而以自赎于王，几割地而韩不尽。张仪之力少，则王逐张仪，而更与不如张仪者市。则王之所求于韩者，言可得也。"

注释 <<<

①陉：韩邑。在今临汾南。

史纪风云

秦昭襄王四十三年（公元前264年），秦王命令白起说："将军立即率军出发，攻打韩国。"白起率军出发后，包围了韩国的陉城。

这时，范雎对秦王说："大王，但凡作战，有攻地的，有攻人的。穰侯进攻魏国，多达十次，但丝毫无损于魏，并不是因为秦国弱而魏国强，而是因为他所攻的是地啊。土地是君主所爱惜的，君主是臣子愿意为之献身的。进攻君主所爱惜的，与愿意献身的人搏斗，因此穰侯出征十次毫无战绩。如今大王进攻韩国，包围陉城，臣请大王不要只是攻取土地，而要讨伐它的人。大王可以以讨伐张仪为借口。如果张仪在韩国的势力大，韩国会割地来赎张仪的。经过几次割地，韩国不就灭亡了吗？如果张仪在韩国的势力小，大王就可以驱逐张仪，而与智谋上不如张仪的人打交道。那时，大王向韩国索求的东西就能得到。"秦王高兴地说："讲得好。"

璞和朴

阅读提示

范雎用了周人用“朴”来抵“璞”的故事，抨击了平原君的一番议论，说明了名不一定符实的道理。故事幽默，引人发笑。

原文

应侯曰：“郑人谓玉未理者，璞；周人谓鼠未腊者，朴。周人怀朴过郑贾，曰：‘欲买朴乎？’郑贾曰：‘欲之。’出其朴。视之，乃鼠也，因谢不取。今平原君[1]自以贤显名于天下，然降其主父沙丘而臣之。天下之王，尚犹尊之，是天下之王不如郑贾之智也，眩于名，不知其实也。”

注释 <<<

①平原君：赵公子，惠文王之弟，武灵王之子。

史纪风云

战国时有四大公子，在当时是很有名的。他们是魏公子信陵君、赵公子平原君、齐公子孟尝君和楚公子春申君。

范雎有自己的看法，认为四大公子中有的是名不符实的。他曾说：“郑人称未加工的玉为‘璞’，周人称未加工成腊肉的鼠为‘朴’。一天，周人怀揣着朴去见郑国商人，问道：‘买朴吗？’郑国商人以为是璞，便说：‘想买啊。’周人将朴拿了出来，郑国商人一看，原来是鼠，便说：‘对不起，我不买了。’如今平原君自以为贤名传遍天下，但他参与了李兑围赵主父于沙丘这件事，活活将赵主父饿死。而天下的君王却还推崇平原君，可见这些人的智力都不如郑国商人。他们以为平原君是璞，其实是朴，也就是鼠。”

◎战国 长刺连钩铜戟◎

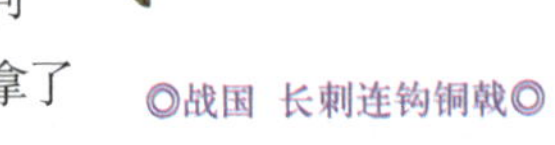

成语典故

以鼠为璞

原意是借说平原君有名无实。后用以比喻以假充真，有名无实的人或物。

秦策三

唐雎散金

阅读提示

“人为财死，鸟为食亡”，当利益出现时，人的本性就会暴露出来。一个安定团结的集体，由于突然出现的利益，定会发生纷争、掀起波澜。范雎深知运用常法不如运用出人意料的奇妙谋略。秦王采纳并实施他的计划，轻松化解了危机；而对天下策士，从他们的私人利益着手，用利益诱惑他们、分化瓦解他们，最终使合纵之盟土崩瓦解。

原文

天下之士合从相聚于赵，而欲攻秦。秦相应侯曰：“王勿忧也！请令废之。秦于天下之士，非有怨也，相聚而攻秦者，以己欲富贵耳。王见大王之狗，卧者卧，起者起，行者行，止者止，毋相与斗者；投之一骨，轻起相牙者，何则？有争意也。”

于是唐雎载音乐，予之五千金，居武安，高会①，相与饮，谓：“邯郸②人谁来取者？”于是，其谋者固未可得予也，其可得与者，与之昆弟矣。

“公与秦计功者，不问金之所之，金尽者功多矣。今令人复载五千金随公。”唐雎行至武安，散不能三千金，天下之士大相与斗矣。

注释 <<<

①高会：大会。

②邯郸：赵国都城。当时天下谋士相聚的地方。

 史纪风云

齐、楚、燕、韩、赵、魏六国的谋士聚在赵国，想要实现合纵，联合起来进攻秦国。

这时，秦相范雎对秦王说："大王勿忧，请让臣对付他们。他们和我们秦国无怨无仇，之所以聚在一起要进攻秦国，不过想贪求富贵罢了。大王，见过你的狗吧。平时，它们卧的卧，站的站，走的走，停的停，没有互相争斗的。如果投给它们一根骨头，它们就会扑过去互相咬起来。这是为什么呢？是因为它们起了争夺之心。请大王让臣叫六国的谋士像狗一样互相咬起来。"

于是，范雎派唐雎载着乐工，带上五千镒金，在赵国都城邯郸附近的武安置酒设宴，并说："邯郸人谁来取金子啊？"那些搞合纵的谋士听说有金子，纷纷前来。由于人多金少，他们没有全部得到金子，而得到金子的谋士都和秦国亲如兄弟了。

唐雎回国复命，范雎说："金子散得越多，你的功劳越大。如果都散尽了，你的功劳就最大了。这次，再派人运五千镒金随你去赵国。"唐雎又带着金子上路了。

唐雎到了武安，还没有散到三千镒金子，六国的合纵谋士便大打出手，互相争斗起来。

这样，六国合纵抗秦的事便破产了。

蔡泽拜相

阅读提示

蔡泽列举国君忌害功臣，兔死狗烹，鸟尽弓藏，明智之士及时全身避祸的事，劝范雎功成身退。蔡泽的宏辩、取代相位，与范雎的明智练达、辞相勇退，都充分体现了战国谋士进则争取功名，退则全功保身的人生态度。

原文

秦攻邯郸，十七月不下。庄谓王稽曰："君何不赐军吏乎？"王稽曰："吾与王也，不用人言。"庄曰："不然！父之于子也，令有必行者，必不行者。曰'去贵妻，卖爱妾'，此令必行者也；因曰'毋敢思也'，此令必不行者也。守闾妪曰：'其夕，某懦子内某士。'贵妻已去，爱妾已卖，而心不有。欲教之者，人心固有。今君虽幸于王，不过父子之亲；军吏虽贱，不卑于守闾妪；且君擅主轻下之日久矣。闻'三人成虎，十夫楺椎，众口所移，毋翼而飞'。故曰：不如赐军吏而礼之。"王稽不听。军吏穷，果恶王稽、杜挚以反。

秦王大怒，而欲兼诛范雎。范雎曰："臣，东鄙①之贱人也，开罪于楚、魏，遁逃来奔。臣无诸侯之援、亲习之故，王举臣于羁旅之中，使职事。天下皆闻臣之身与王之举也。今遇惑或与罪人②同心，而王明诛之，是王过举显于天下，而为诸侯所议也。臣愿请药赐死，而恩以相葬臣。王必不失臣之罪，而无过举之名。"王曰："有之。"遂弗杀而善遇之。

注释 <<<

①东鄙：东部村野。

②罪人：指王稽。

◎战国　双齿剧◎

史纪风云

秦昭襄王五十二年（公元前255年），秦国河东守王稽被弃市。

当年，王稽担任负责接待宾客的谒者时，曾出使魏国。到了魏国，他发现正在落难的范雎是个治国奇才，便将范雎藏在车中运回秦国，推荐给秦王。后来，范雎拜相，王稽仍然官居谒者，身为下僚，曾向范雎鸣不平。于是，范雎禀告秦王，提拔王稽为河东守。

前年，王稽攻打邯郸，十七个月未能攻下。有人对王稽说："将军何不赏赏军吏呢？"王稽说："我只听秦王的，不听别人的话。"那人说："不然。父亲对儿子发的命令，儿子有的是必须执行的，有的则是不必执行的。如果父亲对儿子说：'赶走你的正妻，卖掉你的爱妾。'这是必须执行的。如果父亲对儿子说：'不许想念她们！'这件事儿子是办不到的。如果看门老妇报告说：'一天夜里，有个小妾私通一个男人。'儿子听了，心里一定会很感激她。现在，将军虽然深受秦王宠爱，但毕竟不会超过父子之情；军吏虽然卑微，也不会低于看门老妇。将军依仗秦王之宠，轻慢军吏已经很久了。常言道：'三个人说市上有虎，人们便会信以为真；十个人的嘴，能把直木说弯了；众人异口同声地说，能使重物不翼而飞。'因此，将军应该赏赐军吏，须知人言可畏啊。"王稽不听劝告，军吏果然诬告王稽谋反。秦王闻报大怒，将王稽弃市。

根据秦国法律，范雎曾提拔王稽，要受株连，也得被杀。范雎对秦王说："臣本是魏国卑微之人，受大王重用，天下无人不夸大王敬贤爱才。现在，如果公开杀臣，会令诸侯议论大王误用大臣，将有损大王美名。臣请您让臣饮药而死，并请您用相国之礼埋葬臣。这样，大王便无误举之名了。"秦王说："谁都有失察的时候，这事就算了吧。"于是，便没有杀范雎，仍然善待他。

秦王虽然未杀范雎，但范雎心中不能自安，总是提心吊胆的。这时，燕人蔡泽来到了秦国。蔡泽很有辩才，曾游说山东六国诸侯，但未被识用。他听说范雎受牵连几乎被杀，便西行入秦，对范雎说："常言道：'日中则移，月满则亏。'物盛则衰，乃自然之理。秦国商鞅和白起、楚国吴起、越国文种，都因功成不退而被杀。商鞅受车裂之刑，白起伏剑自杀，吴起乱箭穿身，文种身毙杖下。这四个人都有过人之才，立下不世之功，但他们都是能伸而不能屈、能进而不能退的人。而范蠡则不然，辅佐勾践灭吴后，便泛舟五湖，超然避世，得以善终。相国何不急流勇退，及早交出相印，让于贤者，以求全身免祸，而享松柏之寿呢？"范雎听了，笑道："说得好！"说完，范雎忙请蔡泽入座，待为上宾。

几天后，范雎入朝，对秦王说："有个新从山东来的客人，名叫蔡泽，是个辩士。臣见人多了，但没有赶得上蔡泽的。臣也不如他。"秦王听了，便召见蔡泽，同他谈过之后，极其喜欢他，当即拜他为客卿。于是，范雎趁机要求辞去相职。秦王不肯答应，坚持让他留任。范雎便谎称病笃，秦王只得同意，免掉了他的相国之职。相位出缺，秦王便拜蔡泽为相，封为刚成君。

蔡泽担任相国数月，发现有人在秦王面前说他坏话。蔡泽怕引来杀身之祸，也称病不朝，归还了相印。蔡泽在秦国居住十多年，历经昭襄王、孝文王、庄襄王三朝，最后又服事秦始皇。

景鲤脱身

阅读提示

秦王想要扣留景鲤，用他来换取楚国的土地。景鲤暗中托人游说秦王，并最终成功脱险。景鲤一行得救了，靠的是什么?除了镇静、智慧、勇气和对列国形势的把握外，还有重要的一点，就是摸透了秦王的心理。

原文

楚王使景鲤如秦。客谓秦王曰："景鲤，楚王使景所甚爱，王不如留之以市地。楚王听，则不用兵而得地；楚王不听，则杀景鲤，更不与不如景鲤留。是便计也。"秦王乃留景鲤。

景鲤使人说秦王曰："臣见王之权轻天下，而地不可得也！臣之来使也，闻齐、魏皆且割地以事秦。所以然者，以秦与楚为昆弟国。今大王留臣，是示天下无楚也，齐、魏有何重于孤国也？楚知秦之孤，不与地而外结交诸侯以图，则社稷必危。不如出臣。"秦王乃出之。

史纪风云

周赧王二年（公元前313年），楚怀王派大臣景鲤出使秦国。景鲤十分有才能，口才也很好，楚怀王非常宠信他。

景鲤到秦国后，有人对秦王说："景鲤是楚王的宠臣，大王不如扣留他，让楚王拿土地来赎他。如果楚王同意的话，则我们不用打仗就可以得到土地；如果楚王不同意，那我们就杀掉景鲤，而后再和不如景鲤的人打交道。"秦王听了，连称"妙计"，便派人将景鲤扣留了。

景鲤不动声色，暗中托人游说秦王道："大王扣留景鲤，不但会被天下人看轻，而且也得不到土地。"秦王笑了笑，问道："此话怎讲？"那人说："臣听说齐、魏两国都想割地给大王。他们之所以肯这样做，是因为秦国和楚国是兄弟之国。如今大王扣留景鲤，是向天下人表示秦国与楚国并不友好啊。这样，齐国和魏国怎么会看重一个孤立无援的国家呢？楚国见齐国和魏国脱离了秦国，知道秦国孤立了，也不会给秦国土地的。楚国还会联合诸国来进攻秦国，那时秦国就危险了。"秦王闻言，如梦方醒，立即放景鲤回国。

秦策四

顿弱说秦王政

阅读提示

战国后期，秦国实力强大，而楚国地域辽阔。顿弱说“横成则秦帝，从成则楚王”，是有一定道理的。文中对名实之辩，对战国形势的论断，以及对游说用计的崇尚，都颇能反映出战国纵横家的思想特征。

原文

秦王欲见顿弱，顿弱曰：“臣之义不参拜。王能使臣无拜，即可矣；不，即不见也。”秦王许之。于是顿子曰：“天下有其实而无其名者，有无其实而有其名者，有无其名又无其实者，王知之乎？”王曰：“弗知。”顿子曰：“有其实而无其名者，商人是也。无把铫[①]推耨[②]之势，而有积粟之实，此有其实而无其名者也。无其实而有其名者，农夫是也。解冻而耕，暴背而耨，无积粟之实，此无其实而有其名者也。无其名又无其实者，王乃是也已！立为万乘，无孝之名；以千里养，无孝之实。”秦王悖然而怒。

顿弱曰：“山东战国有六，威不掩于山东而掩于母，臣窃为大王不取也。”秦王曰：“山东之建国可兼与？”顿子曰：“韩，天下之咽喉；魏，天下之胸腹。王资臣万金而游，听之韩、魏，入其社稷之臣于秦，即韩、魏从。韩、魏从而天下可图也。”秦王曰：“寡人之国贫，恐不能给也。”顿子曰：“天下未尝无事也，非从即横也。横成则秦帝，从成则楚王。秦帝，即以天下恭养；楚王，即王虽有万金，弗得私也。”

秦王曰：“善。”乃资万金，使东游韩、魏，入其将相；北游燕、赵，而杀李牧。齐王入朝，四国必从，顿子之说也。

注释 <<<

①铫（yáo）：大锄。

②耨（nòu）：小手锄。

◎战国 兽面纹玉琮◎

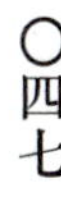

 史纪风云

顿弱是秦国人，才气纵横，有平定天下之术，秦王政很想召见他。

有一天，秦王政派大臣去请顿弱，顿弱说："见倒是可以见，但我见国王时不能下拜。如果大王同意我不行跪拜大礼，我就去见他。"

大臣将顿弱的话报告秦王政，秦王政说："为了召见贤人，统一天下，可以答应他。"顿弱见到秦王后，问道："天下有三种人，一种是无名有实的，一种是有名无实的，一种是无名无实的。这些，大王知道吗？"秦王政回答说："寡人不知道。"顿弱解释说："无名有实的是商人，他们无耕田之苦，而有粮米之实。有名无实的是农夫，他们名为耕田种粮，却无粮米之实。无名无实的就是大王了，大王虽为万乘之主，却无尽孝之名；虽受万人供养，却无尽孝之实。"秦王听了，勃然大怒。

原来，秦王的母亲寡居多年，曾和别人同居，秦王发现后，将母亲幽禁在雍地的离宫中。顿弱说秦王无名无实，指的就是这件事。

顿弱接着说："崤山之东有六个国家，大王之威不加于六国，却加于母后，臣认为这是不可取的。"秦王问道："山东六国可以兼并吗？"顿弱回答说："韩国是天下的咽喉，魏国是天下的胸腹。大王给臣万镒黄金，派臣到韩、魏两国去，让两国的社稷重臣都到秦国来，两国就不得不听大王的了。韩、魏两国服事大王，天下就好办了。"秦王说："寡人的国家很穷，恐怕拿不出这么多黄金。"顿弱说："天下正是多事之秋，连横成功则秦国称帝，合纵成功则楚国为王。如果秦国称帝，天下都来供养大王；如果楚国成了天下之王，大王虽有万镒黄金，也是保不住的。"秦王政听了，说道："讲得好。"说完，命人取来万镒黄金，交给顿弱。

顿弱出发后，秦王政亲自到离宫将母亲接回咸阳，母子又和好如初了。

顿弱带上黄金，到韩、魏两国去游说，使两国的相国到了秦国。接着，又北上游说赵、燕两国，使赵国杀了名将李牧。

不久，齐王到秦国朝贡，赵、魏、韩、燕四国都臣服秦国了。这些，都是顿弱的功劳。

※知识链接※

玉琮：古代玉器。方形，中有圆孔，亦有长筒形的。新石器时代晚期的良渚、龙山等文化以及商周时代的墓葬中曾有发现。

秦策五

拥立一国之主

阅读提示

吕不韦是中国历史上的一个奇人，他的谋略和口才在中国历史人物中是一流的。他凭着一人之力、三寸不烂之舌，就得到了自己终生的荣华富贵。他是那种善于进行大的策划、善于实施和完成这个策划的人，自己也是谋划的贯彻实施者。

原文

濮阳人吕不韦贾于邯郸，见秦质子异人，归而谓父曰："耕田之利几倍？"曰："十倍。""珠玉之赢几倍？"曰："百倍。""立国家之主赢几倍？"曰："无数。"曰："今力田疾作，不得暖衣馀食。今建国立君，泽可以遗世。愿往事之。"

秦子异人质于赵，处于扅城。故往说之，曰："子傒有承国之业，又有母在中；今子无母于中，外托于不可知之国，一日倍约，身为粪土。今子听吾计事，求归，可以有秦国。吾为子使秦，必来请子。"乃说秦王后弟阳泉君曰："君之罪至死，君知之乎？君之门下无不居高尊位，太子门下无贵者。君之府藏珍珠宝玉，君之骏马盈外厩，美女充后庭。王之春秋高，一日山陵崩[1]，太子用事，君危于累卵，而不寿于朝生！说有可以一切，而使君富贵千万岁，其宁于太山四维，必无危亡之患矣。"阳泉君避席："请闻其说。"不韦曰："王年高矣，王后[2]无子。子傒有承国之业，士仓又辅之，王一日山陵崩，子傒立，士仓用事，王后之门，必生蓬蒿。子异人，贤材也，弃

注释 <<<

①山陵崩：比喻君死。

②王后：指孝文王的华阳夫人。

◎战国 错银鸟云纹铜罍◎

在于赵，无母于内，引领西望，而愿一得归。王后诚请而立之，是子异人无国而有国，王后无子而有子也。”阳泉君曰：“然。”入说王后，王后乃请赵而归之。

赵未之遣。不韦说赵曰：“子异人，秦之宠子也，无母于中，王后欲取而子之。使秦而欲屠赵，不顾一子以留计，是抱空质也。若使子异人归而得立，赵厚送遣之，是不敢倍德畔施，是自为德讲。秦王老矣，一日晏驾，虽有子异人，不足以结秦。”赵乃遣之。

异人至，不韦使楚服而见。王后悦其状，高其知，曰：“吾楚人也。”而自子之，乃变其名曰楚。王使子诵，子曰：“少弃捐在外，尝无师傅所教学，不习于诵。”王罢之，乃留止。间曰：“陛下尝轫车于赵矣，赵之豪桀得知名者不少，今大王反国，皆西面而望。”大王无一介之使以存之，臣恐其皆有怨心，使边境早闭晚开。”王以为然，奇其计。王后劝立之。王乃召相，令之曰：“寡人子莫若楚。立以为太子。”

子楚立，以不韦为相，号曰文信侯，食蓝田十二县。王后为华阳太后，诸侯皆致秦邑。

史纪风云

濮阳人吕不韦到邯郸经商，见到秦国派到赵国做人质的公子嬴异人，认为奇货可居，决定在他身上打主意。

◎战国早期 龙纹鼎◎

吕不韦回濮阳后，问父亲说：“耕田可获利几倍啊？”父亲回答说：“可获利十倍。”吕不韦又问：“经营珠宝，可获利几倍啊？”父亲回答说：“可获利百倍。”吕不韦又问：“拥立一国之主，可获利几倍啊？”父亲回答说：“那就没数了。”吕不韦说：“耕田卖苦力，会吃不饱，穿不暖，而拥立国君，却能泽及后世，造福子孙。因此，我要去拥立国君。”

于是，吕不韦又来到邯郸，游说异人道：“秦国太子有传国之福，你远离秦国来做人质，前途却是难料的。一旦秦国背约，赵国必将拿你开刀。如果你肯听我的，我能让你拥有秦国。现在，我为你到秦国去跑一趟，一定让他们来接你回去做太子。”异人感激地说：“如果你真能说到做到，将来我一定和你共享秦国。”

吕不韦西行入秦，到秦都咸阳见王后的弟弟阳泉君说：“你已经犯下死罪了，你知道吗？”阳泉君吃了一惊，问道：“罪从何来？”吕不韦说：“你的门人都在朝中官居要职，而太子的门人没有一人是显贵的。你府中的库里藏着珍珠宝玉，外厩拴满了骏马，后庭装满了美女。秦王春秋已高，一旦谢世，太子即位，你必然大祸临头。”阳泉君听了，心中恐惧，忙问：“这如何是好啊？”吕不韦说：“我有一计，可以使你安如泰山，富贵千秋，决无危亡之患。”阳泉君听了，起身问道：“先生有何妙计？愿闻其详。”吕不韦献计说：“王后无子，如果太子即位，王后之门必生蓬蒿。公子异人为人贤德，在赵国整日引颈西望，盼望归国。王后若能奏请秦王，改立异人为太子，那么，异人便是无国而有国，王后也就无子而有子了。将来异人即位，你身为国舅，岂不可以长保富贵了吗？”阳泉君说：“说得是！”说完，立即入宫向王后说明，王后也觉有理，便奏请秦王，秦王答应异人归国。

赵王闻信后，不放异人回国。吕不韦游说赵王道：“秦国公子异人是秦王的宠子，王后要他回国，认他为子。如果赵国不放他回去，秦军前来屠城，赵国留下一个人质又有什么用呢？如果异人回国立为太子，赵国用厚礼送他回去，他将来一定不会忘恩，会和赵国友好的。秦王已经老了，一旦宴驾，赵国即使扣下异人，又有什么用呢？”赵王听了这话，深觉有理，便放异人回国了。

异人回到咸阳，吕不韦对他说：“王后是楚国人，为了博得她的欢心，你快换上楚国服装去拜见她。”异人按照吕不韦的吩咐，立即换上楚国服装。

王后见了异人，望着他那一身打扮，高兴地说：“这真是我的儿子啊！”当下就认异人为子，并为他更名为“楚”。

王后有专房之宠，她说什么，秦王没有不听的。秦王见她认异人为子，便也表示高兴。秦王见了异人，对异人说：“你读一段书给寡人听听。”异人说：“儿子自幼在外，没有师傅，未曾读过书。”秦王听了，便将异人留在宫中，跟师傅读书。

有一天，异人对秦王说：“父王曾到过赵国，认识好多赵国的豪杰之士。父王回国后，他们无不西向而望，而父王却从未派人去探问过他们。儿臣担心他们会有怨恨之心，请父王将边境早些关闭，晚些开放，加以防范才好。”秦王听了十分惊讶，认为他很有心计。

王后趁机劝秦王立异人为太子，秦王当即同意，对相国说：“寡人之子没有能赶上异人的，现在就立他为太子吧。”

后来，秦王去世，异人即位，任命吕不韦为相国，号为文信侯，以蓝田十二个县为封邑。异人尊王后为华阳太后，诸侯纷纷献地，作为太后的汤沐邑。

吕不韦终于实现了拥立一国之主的愿望。

历代名家点评

扬子《法言》：或问："吕不韦其智矣乎？以人易货。"曰："谁谓不韦智者欤？以国易宗。吕不韦之盗，穿窬之雄乎！穿窬也者，吾见担石矣，未见洛阳也。"

成语典故

奇货可居

原指把稀有的货物囤积起来，等待高价出售。后常用以比喻凭借某种技艺或事物作为本钱，以捞取功名利禄或别的好处。

秦策五

人小志大

阅读提示

“自古英雄出少年”，年仅十二岁的甘罗，口才与谋略比起那些老练的谋士与说客来，一点儿也不逊色。小小年纪，就掌握了威逼利诱、拉拢分化的政治权术和游说技巧，让古今无数人都对他刮目相看。

原文

文信侯欲攻赵，以广河间，使刚成君蔡泽事燕，三年而燕太子质于秦。文信侯因请张唐相燕，欲与燕共伐赵，以广河间之地。张唐辞曰：“燕者，必径[①]于赵，赵人得唐者，受百里之地。”文信侯去而不快。少庶子甘罗曰：“君侯何不快甚也？”文信侯曰：“吾令刚成君蔡泽事燕，三年而燕太子已入质矣。今吾自请张卿相燕，而不肯行。”甘罗曰：“臣行之。”文信君叱去曰：“我自行之而不肯，汝安能行之也？”甘罗曰：“夫项橐生七岁而为孔子师，今臣生十二岁于兹矣！君其试臣，奚以遽言[②]叱也？”

甘罗见张唐曰：“卿之功，孰与武安君？”唐曰：“武安君战胜攻取，不知其数；攻城堕邑，不知其数。臣之功不如武安君也。”甘罗曰：“卿明知功之不如武安君与？”曰：“知之。”“应侯之用秦也，孰与文信侯专？”曰：“应侯不如文信侯专。”曰：“卿明知为不如文信侯专与？”曰：“知之。”甘罗曰：“应侯欲伐赵，武安君难之，去咸阳七里，绞而杀之。今文信侯自请卿相燕，而卿不肯行，臣不知卿所死之处矣！”唐曰：“请因孺子而行！”令库具车，厩具马，府具币，行有日矣。甘罗谓文信侯曰：

注释 <<<

①径：路。这里作动词，当“取道”讲。

②遽言：急遽未加思虑之言。

"借臣车五乘，请为张唐先报赵。"见赵王，赵王郊迎。谓赵王曰："闻燕太子丹之入秦与？"曰："闻之。""闻张唐之相燕与？"曰："闻之。""燕太子入秦者，燕不欺秦也；张唐相燕者，秦不欺燕也。秦、燕不相欺，则伐赵，危矣。燕、秦所以不相欺者，无异故，欲攻赵而广河间也。今王赍臣五城以广河间，请归燕太子，与强赵攻弱燕。"赵王立割五城以广河间，归燕太子。赵攻燕，得上谷三十六县，与秦什一。

史纪风云

文信侯吕不韦为了攻打赵国，扩大河间的地盘，想同燕国联合起来夹击赵国。

为了放长线钓大鱼，吕不韦先让刚成君蔡泽到燕国去做官。三年后，燕国终于派太子丹到秦国做人质，以示友好之意。

吕不韦为了答谢燕国的好意，又进一步采取行动，让秦国人张唐到燕国去做相国。不料，张唐一口拒绝，不肯从命。张唐对吕不韦说："到燕国去一定要途经赵国，赵国人怎能放过我呢？过去，我多次率军攻打赵国，赵国人对我恨之入骨。赵王已经悬赏，有能生擒我的，赐给百里封地。我去燕国岂不是自投罗网吗？"吕不韦听了这话，又多方劝导，可张唐说什么也不去。吕不韦无可奈何，只得回府，心情很不痛快。

吕不韦府里有个家臣叫甘罗，是甘茂的孙子，才十二岁，但为人极其聪明。他见吕不韦愁眉不展，忙上前问道："大人为何不高兴呢？"吕不韦说："我命令刚成君蔡泽去服事燕王，已经三年了。如今，燕王派太子丹来我国做人质，我亲自请张唐去做燕相，而他却不肯去。"甘罗略思片刻，对吕不韦说："我去试试劝张唐到燕国去，好吗？"吕不韦喝斥说："你出去吧！我亲自请他去，他尚且不肯，你一个小孩子，又怎么能让他去呢？"甘罗说："项橐七岁时就做了孔子的老师，我现在都十二岁了。大人就让我试试吧，何必轻言'出去'呢？"吕不韦见他人小志

◎战国 青铜盒◎

大，便说：“那好，你去试试吧。”

甘罗见了张唐，问道：“请问，你和武安君白起比，谁的功劳大啊？”张唐说：“武安君不知打了多少次胜仗，不知攻下了多少座城池，我的功劳不如他的大。”甘罗问道：“你真知道功劳不如武安君大吗？”张唐说：“我当然知道。”甘罗又问：“应侯范雎和文信侯相比，谁更受宠啊？”张唐回答说：“应侯不如文信侯受宠。”甘罗又问：“你真知道应侯不如文信侯受宠吗？”张唐回答说：“我当然知道。”甘罗说：“当年，应侯要伐赵，白起认为不能取胜，伐赵战败后，应侯说白起有怨言，先王便赐剑让白起自杀了。如今，文信侯亲自请你去燕国做相国，而你不肯去，我真不知道你会死在何处呢？”张唐听了，忙说：“请你告诉相国，我去燕国！”

◎战国前期　提链匜鼎◎
提链匜鼎，水器，椭圆体，前有封顶流，封盖镂孔，平底，下接细长蹄形足。器两侧有提链。通体饰蟠螭纹。

吕不韦闻信大喜，命令车库准备车，马厩准备马，内府准备财礼，并定下了动身的日子。

这时，甘罗又去找吕不韦说：“请借给我五辆车，我为张唐先到赵国去通融一下。”

甘罗到了赵国，赵王亲自到郊外迎接他。甘罗对赵王说：“大王，听说燕太子丹到秦国做人质了吗？”赵王回答说：“听说了。”甘罗又问：“听说张唐要到燕国去做相国了吗？”赵王回答说：“听说了。”甘罗说：“燕太子到秦国去，说明燕国不欺秦国；张唐到燕国去，说明秦国不欺燕国。秦国和燕国互不相欺，目的是为了进攻赵国，扩大河间的地盘啊。因此说，赵国已经很危险了。我此行的目的是建议大王送给秦国五座城池，使秦国得以扩大河间的地盘，好让秦国送回燕太子丹，然后秦国将支持赵国攻打燕国。那时，赵国将会从燕国夺得更多的土地的。”

赵王听了，立即割给秦国五座城池，秦国便送回了燕太子丹。赵国发兵攻打燕国，夺得上谷三十六个县，送给秦国十分之一。

甘罗人虽然还是个少年，却做了大事，可谓人小志大。

齐策一 海大鱼

阅读提示

靖郭君打算加强薛地的城防工事，引起了邻国的恐惧，身边反对的人也不少。靖郭君最初不想听反对意见，后经一位门客用“海大鱼”的巧妙比喻，说服他放弃了原来的想法。他出奇招，用富有引诱力的惊人之语制造悬念，用他人的好奇心来诱使其听取话语和建议。

原文

靖郭君[1]将城薛，客多以谏。靖郭君谓谒者："无为客通！"齐人有请者，曰："臣请三言而已矣，益一言，臣请烹。"靖郭君因见之。客趋而进，曰："海大鱼。"因反走。君曰："客有于此。"客曰："鄙臣不敢以死为戏。"君曰："亡，更言之。"对曰："君不闻大鱼乎？网不能止，钩不能牵，荡而失水，则蝼蚁得意焉。今夫齐，亦君之水也。君长有齐阴[2]，奚以薛为？夫齐，虽隆薛之城到于天，犹之无益也。"君曰："善。"乃辍城薛。

注释 <<<

①靖郭君：田婴封号。
②阴：同"荫"。

史纪风云

齐威王将薛地封给田婴后，田婴要在薛地修筑城墙。

田婴的门客听说后，纷纷向他进谏说："在薛地修城，实在没有必要。"这些话田婴听不进去，但天天都有人进谏。田婴火了，对门吏说："如果再有人进谏，不许通报。"这样，即使有人还想进谏，也进不了田婴的府门了。

有一天，一个齐国人求见田婴，对门吏说："我只对相国说三个字，如果多说一个字，请相国用鼎把我烹了。"门吏通报后，田婴说："好，让他进来吧。"

门吏出来对来人说："相国有请。"来人听说后，快步走到田婴面前，只说了"海大鱼"三个字，回身就走。田婴见状，喊道："回来！"来人站住了，田婴说："你还有话未讲啊。"来人说："我可不敢拿生命开玩笑。"田婴说："没关系，接着说吧，饶你不死。"来人说："大人没听说海里的大鱼吗？鱼网打不住它，钓钩牵不动它，但当它一旦被冲荡到沙滩上，失掉海水时，他就成了蝼蛄和蚂蚁的美餐了。现在，齐国就是大人的水啊！如果大人能永远拥有齐国这个'水'，还在乎薛地没有城墙吗？如果失掉了齐国这个'水'，就是把薛城修得像天那么高，又有什么用呢？"田婴听了这话，连声说："说得好！"说完，立即传令，停止修筑薛地的城墙。

齐策一 齐兵救赵

阅读提示

桂陵之战是在田忌、孙膑的指挥下，对魏作战所取得的一次重大胜利。“围魏救赵”一战，成了经典战例，被载入许多兵法书中。它的指导思想是攻其所必救，以达到趋利避害、机动歼敌的目的。

原文

邯郸之难，赵求救于齐。田侯[1]召大臣而谋，曰：“救赵，孰与勿救？”邹子[2]曰：“不如勿救。”段干纶曰：“弗救，则我不利。”田侯曰：“何哉？”“夫魏氏兼邯郸，其于齐何利哉？”田侯曰：“善。”乃起兵，曰：“军于邯郸之郊。”段干纶曰：“臣之求利且不利者，非此也。夫救邯郸，军于其郊，是赵不拔而魏全也，故不如南攻襄陵以弊魏。邯郸拔而承魏之弊，是赵破而魏弱也。”田侯曰：“善。”乃起兵南攻襄陵。七月，邯郸拔。齐因承魏之弊，大破之桂陵。

注释 <<<

①田侯：指齐威王。

②邹子：邹忌。

史纪风云

周显王三十八年（公元前331年），魏国进攻赵国，包围了邯郸。

赵王见有城破之危，忙派出使者趁夜色如墨之机摸出城去，到齐国向齐威王求救。

齐王闻讯，召集文武大臣商议此事。齐王说：“魏国进攻赵国，赵国危在旦夕。现在，赵国使者前来求救，我们是出兵好，还是不出兵好？”相国邹忌说：“还是不救为好。”大臣段干纶说：“如果不救，对我们是不利的。”齐威王问道：“为什么呢？”段干纶说：“魏国兼并赵国后，会更加强大，这对

我国有什么好处呢？”齐王说：“对！”于是决定出兵。

齐威王对大臣说：“我军到赵国后，要驻扎在邯郸郊外。”段干纶说：“这可不是我建议出兵的本意。如果我国大军驻扎在邯郸郊外的话，则邯郸能够保住，魏军也不会受到丝毫损失。依臣之见，不如南攻魏国的襄陵。这样，邯郸城破之后，魏军必然打得疲惫不堪，我们就有机可乘了。”齐威王说：“说得好，就这么办吧。”说完，命令齐军出发，向南攻打魏国的襄陵。

这年七月，在魏军的猛攻下，邯郸沦陷了。齐军乘魏军战后疲惫之机，在桂陵大破魏军。

齐策一

齐军救韩

阅读提示

齐威王听取了田忌的建议，没有急于出兵救韩，而是在双方都精疲力尽的时候出兵，取得作战胜利，得到了最好的效果。可见，在战争中选择好的出兵时机是多么重要。

原文

南梁之难，韩氏请救于齐。田侯召大臣而谋曰："早救之，孰与晚救之便？"张丏对曰："晚救之，韩且折而入于魏，不如早救之。"田臣思曰："不可！夫韩、魏之兵未弊，而我救之，我代韩而受魏之兵，顾反听命于韩也。且夫魏有破韩之志，韩且见亡，必东愬于齐。我因阴结韩之亲，而晚承魏之弊，则国可重，利可得，名可尊矣。"田侯曰："善。"乃阴告韩使者而遣之。

韩自以专有齐国，五战五不胜，东愬[①]于齐，齐因起兵击魏，大破之马陵。魏破韩弱，韩、魏之君，因田婴北面而朝田侯。

注释 <<<

①愬："诉"的异体字。

史纪风云

周显王二十六年（公元前343年），魏军进攻韩国的南梁。韩军抵挡不住魏军的攻势，急忙派出使者向齐王求救。

齐威王见过韩使后，召集大臣商议说："早些出兵援救与晚些出兵援救，哪一个更好呢？"大臣张田回答说："如果救晚了，韩国会投降魏国的，不如早些援救为好。"田忌说："不行！现在，韩国和魏国的军队都未疲惫，如果我们马上就出兵，岂不是去替韩国挨打吗？我们反倒听韩国的摆布了。何况魏国早有灭韩之心，韩国见自已要亡了，一定会倒向我国的。到那时，我们再出兵，既可和韩国建立深交，又可利用魏军疲惫之时进攻它。这样，既可获得重大的胜利，又能取得救亡的美名。”齐威王说：“说得好。”

齐威王再次召见韩国前来求救的使者说：“我国同意出兵，你先回去通报你们大王吧。”韩国使者高高兴兴地走了。

韩王闻讯后，传令韩军誓死御敌，并鼓舞全军说：“齐国大军马上就来支援我们了，你们一定要坚持住。”韩军浴血奋战，与魏军大战五次，五次都失败了。韩王见状，再次派使者到齐国求救，催促齐王出兵。

齐王见是出兵的时候了，便对来使说：“我们准备好了，这就出兵。”说完，齐威王派出大军援救韩国，在马陵大败魏军。魏军一败涂地，韩国也削弱了。两国都派使者求见齐王，表示愿意服从齐国。

◎战国 镶嵌龙凤纹樽◎

齐策一

田忌出走

阅读提示

在这个故事中，战功可以抹杀、事实可以歪曲、好事顷刻变成了坏事。语言的危险性又一次暴露出来。事实上人们的确生活在一个传播的世界中，传播决定了事实，事实本身是什么，往往在于那些有心计的人怎么来设计。

原文

成侯邹忌为齐相，田忌为将，不相说。公孙闬谓邹忌曰："公何不为王谋伐魏？胜，则是君之谋也，君可以有功；战不胜，田忌不进，战而不死，曲挠[1]而诛。"邹忌以为然，乃说王而使田忌伐魏。

田忌三战三胜，邹忌以告公孙闬。公孙闬乃使人操十金而往卜于市，曰："我，田忌之人也，吾三战而三胜，声威天下，欲为大事[2]，亦吉否？"卜者出，因令人捕为人卜者，亦验其辞于王前。田忌遂走。

注释 <<<

①曲挠：屈服。

②大事：指反齐之事。

史纪风云

齐威王时，邹忌是贤相，田忌是良将，但两人不和，成见很深。公孙闬对邹忌说："相国何不向大王建议伐魏？如果胜了，是你出的主意；如果败了，罪在田忌。如果田忌败了，即使他不战死，也会因为战败后退而被大王杀掉的。"邹忌说："真是妙计！"于是，便去见齐王，劝齐王让田忌率军伐魏。田忌伐魏，三战三捷。邹忌问公孙闬说："田忌三战三捷，这

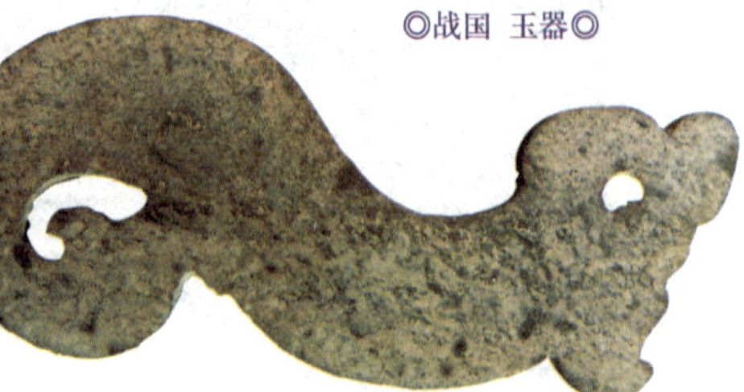

◎战国 玉器◎

◎战国 盘匜◎

如何是好？”公孙闬说：“相国勿忧，我自有办法。”

公孙闬派人带着十镒黄金到市上去占卜，对卜者说：“我是田忌的人。如今田将军三战三捷，名震天下，想回军成大事，请你卜一卜可否吉利，好吗？”派出的人占卜完走后，公孙闬命人逮捕卜者，举报给齐威王。

这时，有人跑去告诉远在前线的田忌说：“有人在陷害将军，将军要防备啊！”田忌听说占卜之事后，怕辩不清，不敢回国了，打算出走。

这时，孙膑对田忌说：“将军愿意成大事吗？”田忌问道：“如何成大事？”孙膑说：“将军可以留下军中老弱者，只率精锐之师冲入临淄西门。这样，齐王可制，邹忌也可以赶走了。否则，将军就不能回齐国了。”田忌没有听孙膑的话，而是出亡到了楚国。

邹忌听说后，担心田忌利用楚国的支持重返齐国。这时，有个叫杜赫的人对邹忌说：“请让我为丞相跑一趟，让楚王把田忌留在楚国。”邹忌听了，十分高兴，为他准备车马，让他出发了。

杜赫面见楚王说：“邹忌之所以不和楚国结好，是因为怕楚国支持田忌重返齐国啊。大王不如将江南之地封给田忌，表示田忌不再回齐国了。邹忌听说后，一定会重谢楚国的。田忌是逃亡的人，得到封地后，也会感激大王的。如果他将来回到齐国，也会让齐国服事大王的。这样，田、邹二人就都为大王所用了。”楚王听了杜赫的话，十分高兴，马上将江南之地封给了田忌。

齐策一 邹忌与徐公比美

阅读提示

邹忌从日常生活中的一件小事，得出感悟，引发了政治生活中的大道理，并以此劝谏齐威王，取得成功。最初进谏的人很多，后来逐渐减少。政治修明，各国来朝，这就是纳谏的效果。这个故事的主旨意在说明接受批评、广开言路在政治生活中的重要性。

原文

邹忌修八尺有馀，身体昳丽。朝服衣冠，窥镜，谓其妻曰："我孰与城北徐公美？"其妻曰："君美甚，徐公何能及公也？"城北徐公，齐国之美丽者也。忌不自信，而复问其妾曰："吾孰与徐公美？"妾曰："徐公何能及君也！"旦日，客从外来，与坐谈，问之客曰："吾与徐公孰美？"客曰："徐公不若君之美也。"

明日，徐公来。孰视之，自以为不如；窥镜而自视，又弗如远甚。暮寝而思之，曰："吾妻之美我者，私我也；妾之美我者，畏我也；客之美我者，欲有求于我也。"于是入朝见威王，曰："臣诚知不如徐公美，臣之妻私臣，臣之妾畏臣，臣之客欲有求于臣。皆以美于徐公。今齐地方千里，百二十城，宫妇左右，莫不私王；朝廷之臣，莫不畏王；四境之内，莫不有求于王。由此观之，王之蔽[①]甚矣！"王曰："善。"乃下令："群臣吏民，能面刺[②]寡人之过者，受上赏；上书谏寡人者，受中赏；能谤议于市朝，闻寡人之耳者，受下赏。"

令初下，群臣进谏，门庭若市。数月之后，时时而间进。期年之后，虽欲言，无可进者。燕、赵、韩、魏闻之，皆朝于齐。此所谓战胜于朝廷。

注释 <<<

①蔽：谓受蒙蔽。

②刺：指责。

史纪风云

邹忌身长八尺有余，是个美男子。一天早晨，他穿戴上衣冠，照了照镜子，问妻子说：“我和城北徐公相比，谁漂亮啊？”

原来，齐国都城临淄城北有个姓徐的美男子，十分出名，人称“城北徐公”。

妻子回答说：“你美得很，徐公不如你。”邹忌听了妻子的话，不相信，又问爱妾说：“我和徐公谁漂亮？”爱妾说：“徐公怎能赶上你漂亮啊？”

天大亮后，有个客人来访，邹忌和客人坐下交谈，问客人说：“你看看，我和徐公谁漂亮啊？”客人回答说：“徐公赶不上你漂亮。”

次日，徐公来访。邹忌细细地瞧了瞧，觉得自己不如徐公漂亮。又照着镜子看看自己，发现自己比徐公差远了。夜里入寝后，邹忌终于想明白了，自言自语地说：“我妻子说我美，是偏向我；爱妾说我美，是因为怕我；客人说我美，是有求于我。”

于是，邹忌在天明后入朝去见威王，对威王说：“臣本不如徐公美，但臣的妻子偏向臣，臣的爱妾惧怕臣，臣的客人有求于臣，都说臣比徐公美。如今，我们齐国土地纵横上千里，城池一百二十座，后宫和左右的人没有不爱大王的，朝中大臣没有不惧怕大王的，国内的人没有不有求于大王的。由此看来，大王所受的蒙蔽太厉害了。”齐王听了，说道：“讲得好。”于是，下令说：“无论群臣还是官吏百姓，能当面指出寡人过错的，受上赏；上书进谏寡人的，受中赏；能在朝廷和市井议论寡人过错，传到寡人耳朵里的，受下赏。”

此令刚下达时，群臣纷纷进谏，真是门庭若市。齐王虚心听取，有过必改。几个月之后，只是偶尔有进谏的。一年之后，虽然有人还想进谏求赏，但因齐王改正了所有的错误，人们已经没有什么可说的了。燕、韩、赵、魏四国听说后，都来朝见齐王了。这就是所说的不出朝廷就战胜了敌国。

历代名家点评

金圣叹：一段问答孰美，一段暮寝自思，一段入朝自述，一段讽王蔽甚，一段下令受谏，一段进谏渐稀，段段简峭自甚。

林云铭：此篇专为好奉承者说法。人若不自知，自知则人莫能蔽。篇中所云“臣诚知不如徐公美”一句，便是去蔽主脑。威王下令，亦止是欲闻过耳。结言“战胜”，即自克之意。其行文自首至尾俱用三叠法。《国策》中最昌明正大者。

◎邹忌◎

齐策一 知人善任

阅读提示

齐宣王派章子统兵迎敌。战争期间，多人谗毁章子，而齐宣王始终不为所动。一个人的品质表现在各个方面。齐宣王认为章子能孝于父，必不会背君。这是齐宣王的目光独到，知人善任。

原文

秦假道韩、魏以攻齐，齐威王使章子将而应之。与秦交和而舍，使者数相往来，章子为变其徽章，以杂秦军。候者言："章子以齐入秦。"威王不应。顷之间，候者复言："章子以齐兵降秦。"威王不应，而此者三。有司请曰："言章子之败者，异人而同辞。王何不发将而击之？"王曰："此不叛寡人明矣！曷为击之？"

顷间，言："齐兵大胜，秦军大败。"于是秦王拜西藩之臣而谢于齐。左右曰："何以知之？"曰："章子之母启[1]得罪其父，其父杀之而埋马栈之下。吾使者章子将也，勉之曰：'夫子之强，全兵而还，必更葬将军之母。'对曰：'臣非不能更葬先妾也。臣之母启得罪臣之父。臣之父未教而死[2]；夫不得父之教而更葬母，是欺死父也。故不敢。'夫为人子而不欺死父，岂为人臣欺生君哉？"

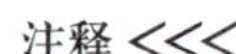

注释 <<<

①启：章子母名。

②未教而死：谓无遗命而死也。

史纪风云

周赧王元年（公元前314年），秦军向韩、魏两国借道进攻齐国，齐威王派大将匡章率军迎敌。两军对垒，双方使者往来频繁。匡章让齐军换上秦军的徽章，混入秦军。齐国的探子报告齐王说："匡将军让齐人参加秦军了。"齐威王听了，不予理睬。过了些时候，探子又来报告说："匡将军让齐军投降秦军了。"齐威王仍然不予理睬。探子报了三次，主管大臣对齐威王说："探子异口同声举报匡将军，大王为何不发兵进攻他？"齐威王说："他决不会背叛寡人的，为什么要发兵进攻他呢？"

不久，传来捷报："齐军大捷，秦军大败了。"于是，秦王自称西藩之臣，并向齐国请罪。战后，齐威王左右的人问齐威王说："大王怎么知道匡将军不会背叛呢？"齐威王说："匡将军的母亲因罪被他父亲所杀，埋在马棚之下。寡人命匡章为将时，曾对他说：'依你的智勇，如能全胜而归，寡人一定改葬你的母亲。'匡将军回答说：'臣并非无力改葬母亲，只是母亲对父亲有罪，而父亲死前又没有留下话，没有父亲的话，臣私自改葬母亲，是欺骗死去的父亲啊。因此不敢改葬母亲。'作为人子，匡将军不欺骗死去的父亲；作为人臣，又怎能欺骗活着的国君呢？因此，寡人知道匡将军是不会背叛寡人的。"

左右的人听了，叹道："大王真是知人善任啊！"

成语典故

知人善任

能识别人的贤愚善恶，能很好地使用人。

◎战国 燎炉◎

齐策一 苏秦说齐王

阅读提示

苏秦为了使齐国答应与赵国建立合纵，而去游说齐宣王。苏秦有意掩短诵长，言其利而不言其害，充分体现了纵横家的作风。此文对了解齐国经济发展，也具有重要意义。

原文

苏秦为赵合从，说齐宣王曰："齐南有太山，东有琅邪，西有清河，北有渤海，此所谓四塞之国也。齐地方二千里，带甲数十万，粟如丘山。齐车之良，五家之兵，疾如锥矢，战如雷电，解如风雨。即有军役，未尝倍太山，绝清河，涉渤海也。临淄之中七万户，臣窃度之，下户三男子，三七二十一万，不待发于远县，而临淄之卒，固以二十一万矣。临淄甚富而实，其民无不吹竽鼓瑟、击筑弹琴、斗鸡、走犬、六博[①]蹹踘者。临淄之途，车毂击，人肩摩，连衽[②]成帷，举袂成幕，挥汗成雨。家敦而富，志高而扬。夫以大王之贤与齐之强，天下不能当。今乃西面事秦，窃为大王羞之。

"且夫韩、魏之所以畏秦者，以与秦接界也。兵出而相当，不至十日，而战胜存亡之机决矣。韩、魏战而胜秦，则兵半折，四境不守；战而不胜，以亡随其后。是故韩、魏之所以重与秦战，而轻为之臣也。

"今秦攻齐则不然：倍韩、魏之地，至闱阳晋之道，径亢父之险，车不得方轨[③]，马不得并行，百人守险，千人不能过也。秦虽欲深入，则狼顾，恐韩、魏之议其后也。是故恫疑虚猲，高跃而不敢进。则秦不能害齐，亦已明矣。夫不深料秦之不奈我何也，而欲西面事秦，是群臣之计过也。今无臣事秦之名，而有强国之实，臣固愿大王之少留计。"

齐王曰："寡人不敏，今主君以赵王之教诏之，敬奉社稷以从。"

注释 <<<

①六博：古代博戏。 ②衽：衣襟。 ③方轨：二车并轨齐行。

史纪风云

纵横家苏秦主张合纵，也就是联合东方六国抗秦。

为了完成合纵大业，苏秦为赵王游说齐王道：“齐国南有泰山，东有琅玡，西有清河，北有渤海，这就是所谓的四塞之国。齐地方圆二千里，甲士数十万，粮如山积。齐国的战车迅疾如箭，齐国的士兵战如雷电。国都临淄有居民七万户，每户出三个男子，一下子就能组成二十七万人的大军，都不用到邻县去征调。临淄富甲天下，居民吹竽弹琴，斗鸡走马。临淄路上，车如流水，马如游龙，行人如织，举袂成云，挥汗成雨。以大王之贤与齐国之强，可以横行天下，而今却西面事秦，臣真为大王感到羞耻。况且韩、魏两国所以畏惧秦国，是因为和秦国接壤。秦兵一出，不到十日，就决定胜负了。韩、魏两国即使战胜，也会折兵大半，无力守边了；如果战而不胜，势必亡国。因此，韩、魏两国不得不服事秦国。而齐国则不然，秦国如果攻打齐国，会担心韩、魏两国袭击它的后方。因此，秦国决不会攻打齐国。大王既知秦国不能奈何齐国，却要服事秦国，这都是齐国大臣失策啊。齐国这么强，却要服事秦国，请大王再好好考虑考虑这件事吧。”

齐王说：“寡人无知，如今听君一席话，受益匪浅，愿举国听先生的。”于是，齐国参加了合纵阵线。

历代名家点评

《吕氏春秋·知度》：齐用苏秦而天下知其亡。

《孙子兵法·用间》：燕之兴也，苏秦在齐。

成语典故

刺股悬梁

刺股：用锥子扎大腿。悬梁：把头发拴在房梁上。《战国策·秦策一》：“（苏）秦读书欲睡，引锥自刺其股，血流至足。”

齐策二 齐师伐燕

阅读提示

公元前314年，秦、魏攻韩，楚、赵救韩，这场战事把五国都牵连进去。此时燕国正是内乱的时候，齐国攻燕，别国不可能干涉，所以齐宣王说："是天以燕赐我也。"齐宣王于是出兵，扫平了燕国。

原文

韩、齐为与国，张仪以秦、魏伐韩。齐王曰："韩，吾与国也。秦伐之，吾将救之。"田臣思[1]曰："王之谋过矣！不如听之。子哙[2]与子之国，百姓不戴，诸侯弗与。秦伐韩，楚、赵必救之，是天下以燕赐我也。"王曰："善。"乃许韩使者而遣之。

韩自以得交于齐，遂与秦战。楚、赵果遽起兵而救韩，齐因起兵攻燕，三十日而举燕国。

注释 <<<

①田臣思：即田忌。

②子哙：即燕王哙。

史纪风云

周赧王元年（公元前314年），张仪用秦、魏两国的军队进攻韩国。这时，韩、齐两国是友邦，于是韩王派使者向齐国求救。

齐王召集群臣商议说："韩国和我国是友好邻邦。如今秦国进攻韩国，寡人想出兵援救，众爱卿以为如何？"大臣田忌说："大王谋划错了。依臣之见，不如听任秦国伐韩。如今，燕王哙昏庸，子之当权，燕国乱得很，百姓不拥戴他们，诸侯也不和他们结好。如果秦国伐韩，楚、赵两国必定发兵救援韩国，他们就顾不上我们了。这不是上天把燕国赐给我们吗？因此，我们不要救韩国，要留着兵力攻打燕国。"齐宣王说："真是妙计！"

大臣退朝后，齐宣王接见韩国使臣，对他说："寡人这就出兵救你们，你快回去报告韩王吧。"使臣以为完成使命，大喜而归。

韩王听说齐国相救，便向秦国宣战了。楚、赵两国闻讯后，立即发兵援救韩国。借这边正在混战之机，齐宣王出兵进攻燕国，仅用三十天就把燕国攻下来了。

齐策二

画蛇添足

阅读提示

画蛇时给蛇添上脚，比喻做了多余的事，非但无益，反倒不合适。也比喻虚构事实，无中生有。给蛇添足的那个人，正是因为做了多余的事，才失掉了到嘴的好酒。这个故事说明，做任何事情都要恰到好处，切合实际一点，不要做那些多余的事情。

原文

昭阳为楚伐魏，覆军杀将，得八城，移兵而攻齐。陈轸为齐王使，见昭阳，再拜，贺战胜。起而问："楚之法，覆军杀将，其官爵何也？"昭阳曰："官为上柱国，爵为上执珪。"陈轸曰："异贵于此者，何也？"曰："唯令尹耳。"陈轸曰："令尹贵矣！王非置两令尹也！臣窃为公譬可也。楚有祠者，赐其舍人卮酒。舍人相谓曰：'数人饮之不足，一人饮之有余，请画地为蛇，先成者饮酒。'一人蛇先成，引酒且饮之，乃左手持卮，右手画蛇，曰：'吾能为之足。'未成，一人之蛇成，夺其卮，曰：'蛇固无足，子安能为之足？'遂饮其酒。为蛇足者，终亡其酒。今君相①楚而攻魏，破军杀将，得八城，又移兵欲攻齐，齐畏公甚，公以是为名，居足矣！官之上非可重也！战无不胜而不知止者，身且死，爵且后归，犹为蛇足也。"昭阳以为然，解军而去。

注释 <<<

①相：辅佐。

史纪风云

周显王四十六年（公元前323年），楚将昭阳率军攻打魏国，攻下了八座城池。魏军全军覆没，将领被杀。昭阳心中大喜，想乘胜攻打齐国。

这时，陈轸作为齐王的使者去见昭阳。见了昭阳，陈轸拜了两拜，祝贺道：“将军覆军杀将，可喜可贺！”昭阳听了，乐得嘴都闭不上了。

陈轸拜罢，起身问道：“按照楚国之法，覆军杀将会得到什么官爵啊？”昭阳回答说：“官为上柱国，爵为执珪。”陈轸问道：“还有比这高的官爵吗？”昭阳回答说：“那就是令尹了。”陈轸说：“令尹是很高贵，但楚王不能因为你而设置两个令尹啊。请听我给你讲个故事：楚国人有祭神的，祭毕，将一杯酒赐给了他的下属。下属商量说：‘这杯酒几个人喝太少了，不如咱们几个一人在地上画一只蛇，谁先画完谁喝这杯酒。’大家听了，都同意这样做。不多时，一个人先画完了蛇，端起酒杯刚要喝，又在地上画了起来，说道：‘我能给蛇画上脚。’他还没有画完脚，又有一个人画完了蛇。那人见他在画蛇脚，忙伸手夺下他手中的酒杯，一饮而尽，然后说道：‘蛇是没有脚的，你怎能给它画脚呢？那已经不是蛇了。’这样，给蛇画脚的人终于没有喝到酒。如今将军攻打魏国，覆军杀将，连克八城，又要移兵攻打齐国。如果战胜了，也不能升为令尹；如果战败了，按楚国法律是要杀头的。这样看来，将军战胜魏国之后，再攻齐国，岂不是画蛇添足吗？”

◎战国　虎牛鹿铜贮贝器◎
器身作圆筒形，中部微束，器盖作圆盘形，顶端正中铸有一牛较大，周边一虎三鹿较小，平底，底部有三个跪坐人形足。动物造型形象生动，线刻花纹精细。

昭阳听了这话，深以为然，立即退兵回国了。

成语典故

画蛇添足

在画好的蛇身上添上脚。比喻做了多余的事反而把事情弄坏。

战无不胜

打仗，没有不取胜的。形容力量强大，所向无敌。

齐策三

偶人

阅读提示

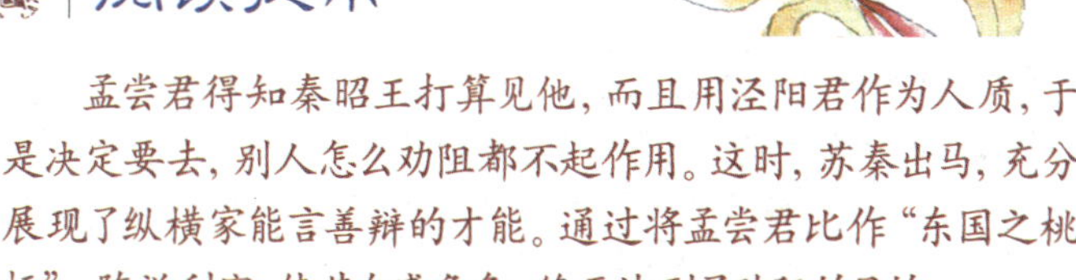

孟尝君得知秦昭王打算见他，而且用泾阳君作为人质，于是决定要去，别人怎么劝阻都不起作用。这时，苏秦出马，充分展现了纵横家能言善辩的才能。通过将孟尝君比作“东国之桃梗”，陈说利害，使其自感危急，终于达到了劝阻的目的。

原文

孟尝君将入秦，止者千数而弗听。苏秦欲止之，孟尝曰：“人事者，吾已尽知之矣；吾所未闻者，独鬼事耳。”苏秦曰：“臣之来也，固不敢言人事也，固且以鬼事见君。”

孟尝君见之。谓孟尝君曰：“今者臣来，过于淄上，有土偶人与桃梗相与语。桃梗谓土偶人曰：‘子，西岸之土也，挻子以为人，至岁八月，降雨下，淄水至，则汝残矣！’土偶曰：‘不然！吾，西岸之土也，土则复西岸耳！今子，东国之桃梗也，刻削子以为人，降雨[①]下，淄水至，流子而去，则子漂漂者将何如耳？’今秦，四塞之国，譬若虎口，而君入之，则臣不知君所出矣！”孟尝君乃止。

注释 <<<

①降雨：大雨。降，读为“洚”，同“洪”。

史纪风云

周赧王十五年（公元前300年），孟尝君要到秦国去，大臣们都来劝止，他说什么也不听。

苏秦听说后，求见孟尝君，也要劝他。孟尝君接到通报后，对守门人说：“你去对他说：关于人的事，来的人都谈过了；只是还没有人谈过鬼的事。”守门人出来对苏秦说了，苏秦说：“臣此次前来，哪敢谈有关人的事，正是要谈鬼的事哩。”孟尝君听了，对守门人说：“让他进来吧！”

苏秦进见，对孟尝君说：“臣来的时候，路过淄水之滨，见土偶人和桃木偶人正在相对谈话。桃木偶人说：‘你本是西岸的土，被人捏成泥人。今年八月下大雨时，淄水一定猛涨，那时你就会被浸化了。’土偶人说：‘我本是西岸之土，化了之后复归西岸。而你是东方的桃木雕成的人形，下大雨后，淄水会把你冲走，你可就飘飘荡荡，无家可归了。’丞相如果一定要去秦国，就好比进入虎口，臣不知道你怎么才能出来啊！”

孟尝君听了这话，便取消了秦国之行。

齐策三 象牙床

阅读提示

在高位者必须明白，社会的贫富差距是永远存在的。如果自己的生活太过奢华，就会劳民伤财、脱离民众。所以怜恤孤贫，物质生活上只求过得去，不求奢华的品德是领导者保持自己道德影响力、感召力的基本准则。可贵的是公孙戍能将此番道理巧妙地告知孟尝君，既让孟尝君避免了行为的失误，又使自己能有助于朋友。他敢于伸张大义，以正气来谏止权势者的说服方法值得我们学习。

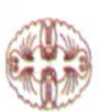

原文

孟尝君出行国，至楚，献象床。郢之登徒直使[①]送之，不欲行，见孟尝君门人[②]公孙戍曰："臣，郢之登徒也，直送象床。象床之直千金，伤此若发漂[③]，卖妻子不足偿之。足下能使仆无行，先人有宝剑，愿得献之。"公孙曰："诺。"入见孟尝君，曰："君岂受楚象床哉？"孟尝君曰："然。"公孙戍曰："臣愿君勿受。"孟尝君曰："何哉？"公孙戍曰："小国所以皆致相印于君者，闻君于齐能振达贫穷，有存亡继绝之义。小国英桀之士，皆以国事累君，诚说君之义，慕君之廉也。今君到楚而受象床，所未至之国，将何以待君？臣戍愿君勿受。"孟尝君曰："诺。"

公孙戍趋而去。未出，至中闺，君召而返之，曰："子教文无受象床，甚善。今何举足之高，志之扬也？"公孙戍曰："臣有大喜三，重之宝剑一。"孟尝君曰："何谓也？"公孙戍曰："门下百数，莫敢入谏，臣独入谏，臣一喜；谏而得听，臣二喜；谏而止君之过，臣三喜。输象床，郢之登徒不欲行，许戍以先人之宝剑。"孟尝君曰："善！受之乎？"公孙戍曰："未敢。"曰："急受之！"因书门版曰："有能扬文之名，止文之过，私得宝于外者，疾入谏。"

注释 <<<

①直使：直，同"值"，值班、当班。

②门人：谓门下食客之属。

③发漂：头发与禾芒。

史纪风云

孟尝君曾巡行各国，到楚国时，楚王赠给他一张象牙床，命令楚人登徒负责押送这张床。

登徒不想押送象牙床，特地找到孟尝君的门客公孙戌说："臣是楚人登徒，大王命我押送象牙床。象牙床价值千金，要是碰坏一点点，我就是卖儿鬻女也赔不起。如果足下能想法让我不押送象牙床，我愿意用家中的祖传宝剑相赠。"公孙戌说："行，我可以帮忙。"

公孙戌进见孟尝君说："大人接受楚王的象牙床了吗？"孟尝君回答说："是啊，刚刚接受的。"公孙戌说："请大人不要接受为好。"孟尝君问道："为什么呢？"公孙戌回答说："大国之所以把相印交给你，是因为听说你在齐国时能够救困扶危，讲道义。小国之所以把国事托付给你，是因为喜欢你的高义，羡慕你的廉洁。如今你在楚国接受象牙床，那么，你所未到的国家，将用什么东西供奉你呢？我认为大人不应该接受象牙床。"孟尝君说："说得好，我不接受了。"

公孙戌办完了事，急步离去。他还没有走出客馆，刚到中门，就被孟尝君召回去了。孟尝君问他说："你让我不要接受象牙床，做得很对。但你为什么走出去的时候趾高气扬啊？"公孙戌回答说："我有三件喜事，外加一口宝剑。"孟尝君说："愿闻其详。"公孙戌说："大人的门客有百余人，都知道大人接受象牙床了，但没有人敢于进谏，而我却敢进谏，这是一喜；我进谏后，大人能听我的，这是二喜；大人勇于改过，拒绝接受象牙床，这是三喜。还有，楚人登徒不愿押送象牙床，怕弄坏了赔不起，曾答应我如能让他不去押送，便赠我宝剑一口。"孟尝君说："说得好。你接受宝剑了吗？"公孙戌回答说："没敢接受。"孟尝君说："快去接受吧。"

公孙戌走后，孟尝君在门板上写道："有能扬我之名，让我不做错事，在外面私自得宝的，可快快进谏！"

看了门板上的文字，门客们再无顾虑，都敢大胆地进谏了。

淳于髡说齐王

齐策三

阅读提示

淳于髡用狗兔相逐，两败俱伤，农夫从中得利的寓言，劝阻齐王伐魏，比喻生动而形象，充分展示了淳于髡善于辩说的机智。这个故事与“鹬蚌相争，渔翁得利”有异曲同工之妙。

原文

齐欲伐魏。淳于髡谓齐王曰：“韩子卢[1]者，天下之疾犬也；东郭逡[2]者，海内之狡兔也。韩子卢逐东郭逡，环山者三，腾山者五，兔极于前，犬废于后，犬兔俱罢，各死其处。田父见之，无劳倦之苦而擅其功。今齐、魏久相持，以顿其兵，弊其众，臣恐强秦、大楚承其后，有田父之功。”齐王惧，谢将休士也。

注释 <<<

①韩子卢：韩国良犬。或称韩卢。

②东郭逡：齐国迅兔。

史纪风云

有一年，齐王想要发兵进攻魏国，淳于髡进谏说：“大王，臣听说韩子卢是天下跑得最快的猎犬，东郭逡是天下跑得最快的野兔。一天，韩子卢追赶东郭逡，绕过了三座山，越过了五座岭，结果，前面的兔子停下了，后面的猎犬也不追了。原来，它们都筋疲力尽，活活累死了。这时，一个农夫发现了它们，未费吹灰之力就将它们据为己有。如果齐、魏两国兵戎相见，长期相持，将士疲惫，臣恐秦、楚两个大国坐收农夫之利啊。”

齐王听了，心中恐惧，下令停止伐魏。

历代名家点评

司马迁：齐之赘婿也，长不满七尺，滑稽多辩，数使诸侯，未尝屈辱。

成语典故

犬兔之争

比喻无益之争。

齐策四 狡兔三窟

阅读提示

作者以赞扬的笔调集中描写了冯谖的多才善谋和出类拔萃，行文变化莫测，高潮迭起，步步引人入胜。是一篇富于情趣的冯谖传。

原文

齐人有冯谖者，贫乏不能自存，使人属[1]孟尝君，愿寄食门下。孟尝君曰："客何好？"曰："客无好也。"曰："客何能？"曰："客无能也。"孟尝君笑而受之，曰："诺。"左右以君贱之也，食以草具[2]。

居有顷，倚柱弹其剑，歌曰："长铗归来乎！食无鱼。"左右以告。孟尝君曰："食之，比门下之客。"居有顷，复弹其铗，歌曰："长铗归来乎！出无车。"左右皆笑之，以告。孟尝君曰："为之驾，比门下之车客。"于是乘其车，揭其剑，过其友，曰："孟尝君客我。"后有顷，复弹其剑铗，歌曰："长铗归来乎！无以为家。"左右皆恶之，以为贪而不知足。孟尝君问："冯公有亲乎？"对曰："有老母。"孟尝君使人给其食用，无使乏。于是冯谖不复歌。

后孟尝君出记，问门下诸客："谁习计会，能为文收责于薛者乎？"冯谖署曰："能。"孟尝君怪之，曰："此谁也？"左右曰："乃歌夫'长铗归来'者也。"孟尝君笑曰："客果有能也，吾负之，未尝见也。"请而见之，谢曰："文倦于事，愦于忧，而性懧愚，沉于国家之事，开罪于先生。先生不羞，乃有意欲为收责于薛乎？"冯谖曰："愿之。"于是约车治装，载券契而行，辞曰："责毕收，以何市而反？"孟尝君曰："视吾家所寡有者。"

注释 <<<

①属：托付。

②草具：粗劣的饭食。

③文车：有彩绘的车。

④服剑：佩剑。服，佩。

驱而之薛，使吏召诸民当偿者，悉来合券。券遍合，起，矫命以责赐诸民，因烧其券。民称万岁。

长驱到齐，晨而求见。孟尝君怪其疾也，衣冠而见之，曰："责毕收乎？来何疾也！"曰："收毕矣。""以何市而反？"冯谖曰："君云'视吾家所寡有者'。臣窃计，君宫中积珍宝，狗马实外厩，美人充下陈，君家所寡有者以义耳！窃以为君市义。"孟尝君曰："市义奈何？"曰："今君有区区之薛，不拊爱子其民，因而贾利之。臣窃矫君命，以责赐诸民，因烧其券，民称万岁，乃臣所以为君市义也。"孟尝君不说，曰："诺，先生休矣！"

后期年，齐王谓孟尝君曰："寡人不敢以先王之臣为臣。"孟尝君就国于薛，未至百里，民扶老携幼迎君道中。孟尝君顾谓冯谖："先生所为文市义者，乃今日见之。"冯谖曰："狡兔有三窟，仅得免其死耳。今君有一窟，未得高枕而卧也。请为君复凿二窟。"孟尝君予车五十乘，金五百斤，西游于梁。谓惠王曰："齐放其大臣孟尝君于诸侯，诸侯先迎之者，富而兵强。"于是梁王虚上位，以故相为上将军，遣使者黄金千斤、车百乘，往聘孟尝君。冯谖先驱，诫孟尝君曰："千金，重币也；百乘，显使也。齐其闻之矣。"梁使三反，孟尝君固辞不往也。齐王闻之，君臣恐惧，遣太傅赍黄金千斤，文车[3]二驷，服剑[4]一，封书谢孟尝君，曰："寡人不祥，被于宗庙之祟，沉于谄谀之臣，开罪于君。寡人不足为也，愿君顾先王之宗庙，姑反国统万人乎？"冯谖诫孟尝君曰："愿请先王之祭器，立宗庙于薛。"庙成，还报孟尝君曰："三窟已就，君姑高枕为乐矣。"

孟尝君为相数十年，无纤介之祸者，冯谖之计也。

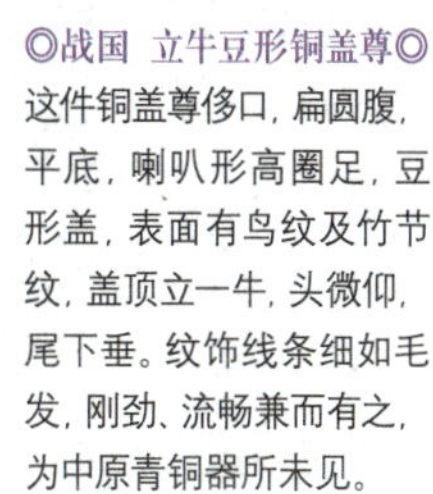

◎战国 立牛豆形铜盖尊◎

这件铜盖尊侈口，扁圆腹，平底，喇叭形高圈足，豆形盖，表面有鸟纹及竹节纹，盖顶立一牛，头微仰，尾下垂。纹饰线条细如毛发，刚劲、流畅兼而有之，为中原青铜器所未见。

史纪风云

有个叫冯谖的齐国人，贫穷不能自给，托朋友去见孟尝君说："有个叫冯谖的人，想在大人门下做食客，请大人恩准。"孟尝君问冯谖的朋友说："客人有什么爱好啊？"那个朋友回答说："没有什么爱好。"孟尝君又问："客人有什么专长啊？"那个朋友回答说："没有什么专长。"孟尝君笑了笑："行，让他来吧。"

◎孟尝君◎

孟尝君左右的人见孟尝君不重视冯谖，连召见都没有，便给他吃粗食淡饭。过了一些时候，冯谖靠着柱子，弹着他的长剑唱道："长剑啊，我们回去吧，这里吃饭连鱼都没有。"左右的人将这事告诉孟尝君，孟尝君说："给他鱼吃，同门下别的食客一样对待。"

过了一些时候，冯谖又弹着他的长剑唱道："长剑啊，我们回去吧，这里外出连车子都没有。"左右的人又把这事告诉孟尝君，孟尝君说："给他车坐，和门下有车的食客一样对待。"

于是，冯谖驾着车，举着剑，去见他的朋友说："孟尝君把我当客人了。"过了一些时候，冯谖又弹着他的长剑唱道："长剑啊，我们回去吧，在这里没法养家。"孟尝君左右的人听了，都很讨厌他，认为他不知足，太贪了。孟尝君问左右的人说："冯公有亲人吗？"左右的人回答说："有位老母。"孟尝君说："供给他老母衣食和花销，不许少了。"于是，冯谖不再唱了。

后来，有一天，孟尝君贴出告示，问门下众食客说："谁懂会计，能为我到薛地去收债啊？"冯谖写上自己的名字说："冯谖能收债。"孟尝君觉得很奇怪，问道："这人是谁啊？"左右的人回答说："就是唱'长剑啊，我们回去吧'的人。"孟尝君笑道："这客人还有专长，我有负于他，还没召见他哩。"于是，便请冯谖相见，向他谢罪说："我一天尽瞎忙了，得罪先生了。先生不在意，愿意为我到薛地去收债吗？”冯谖回答说：“我愿意去。”于是，孟尝君为他准备车马和行装，车上载着借据。冯谖临行前，问孟尝君道：“收债后，买些什么东西回来啊？”孟尝君说：“看府里缺什么，就买什么吧。”

冯谖驾车到薛地后，让小吏将欠债的人召集起来。冯谖核对借据完毕，便假传孟尝君之命，将借据全烧了。百姓见状，乐得一个劲地高呼万岁。

冯谖驾车疾驶，回到国都临淄，天明求见孟尝君。孟尝君觉得奇怪，心想：“怎么这么快就回来了？”忙穿戴好衣冠，出来相见，问道：“债收完了吗？怎么这么快就回来了？”冯谖回答说：“收完了。”孟尝君又问：“都买些什么回来？”冯谖说：“大人说缺什么买什么，我想大人府里堆积着珍宝，外厩养满了猎犬和马，后宅住满了美女，缺少的只有义啊。我已经为大人买回了义。”孟尝君说：“此话怎讲？”冯谖说：“大人只有小小的一个薛地，却不知爱护薛地的百姓，还要和他们争利。因此，我假传大人之命，将借据全烧了，百姓乐得一个劲地高呼万岁。这就是我给大人买的义。”孟尝君听了，心中不悦，但又不好发作，只得对冯谖说：“原来是这样！算了吧，先生。”冯谖退下，仍旧去当他的食客。

过了一年，一天，齐王对孟尝君说：“寡人不敢用先王的大臣做大臣。”孟尝君见齐王在赶他走，只得回到封地。薛地的百姓听说后，扶老携幼，到百里之外去迎接他。孟尝君回过头来对冯谖说：“先生所买的义，我今天总算看到了。”冯谖说：“狡兔三窟，仅能幸免一死而已。现在，大人只有一窟，不能高枕无忧，请大人让我再给你凿两窟吧。”孟尝君说：“那太好了。”于是，为他准备五十辆车，给他五百镒黄金。

◎战国 螭首盉◎

冯谖到了魏国，对魏惠王说：“齐王赶走了孟尝君，哪个国家先迎接他，哪个国家就会国富兵强的。”魏惠王一听大喜，让相国去做上将军，把相位留给孟尝君，派使者带上一百辆车和一千镒黄金去聘请孟尝君。

冯谖抢先回到薛地，对孟尝君说：“一千镒黄金是重礼，带一百辆车的是特使，齐王一定知道了，大人就等好消息吧。”魏国特使往返三次，再三致意，请孟尝君到魏国去担任相国，孟尝君固辞不去。

齐王听说后，君臣恐惧。齐王忙派太傅带两辆雕车，一千镒黄金，一把佩剑，去迎接孟尝君回朝。齐王还写了一封亲笔信，让太傅送给孟尝君，信上说："寡人一时糊涂，误听小人之言，得罪相国了。愿相国以先王宗庙为重，重返临淄，再统万民。"

◎战国 玉器◎

冯谖告诫孟尝君说："一定要向大王申请先王的祭器，在薛地立宗庙。"孟尝君一到临淄，便向齐王提出申请，齐王马上答应了。宗庙在薛地建成后，冯谖回临淄对孟尝君说："如今三窟已成，大人可以高枕无忧了。"孟尝君在齐国做了数十年相国，无丝毫灾难，这全靠冯谖的妙计啊。

历代名家点评

余诚：此文之妙，全在立意之奇，令人读一段想一段，真有武夷九曲步步引人入胜之致……若其句调之变换，摹写之精工，顿挫跌宕，关锁照应，亦无不色色入神。变体快笔，皆以为较《史记》更胜。（《重订古文释义新编》卷四）

林云铭：此与《史记》所载不同。若论收债于薛一事，《史记》颇为近情。但此篇首尾叙事笔力，实一部《史记》蓝本，不必较论其事之有无也。（《古文析义·二篇》卷三）

成语典故

狡兔三窟

狡猾的兔子有好几个藏身的洞穴。比喻藏身的地方多，便于逃避祸害。

扶老携幼

搀扶着老人，领着小孩儿。形容男女老少一齐出动或对老人和幼童的爱护。

齐策四

王斗

阅读提示

对居于上位的统治者进言，一定要在气势上压倒他，也一定要找到一个可以压倒他的事情来使他折服。对于齐宣王而言，九合诸侯的先主齐桓公是他不能不折服的。王斗用先主与宣王作类比，找到了两者不同之处，也即宣王的不足之处。有齐桓公的光辉形象与功业在那里，宣王能不承认错误、反省和改正自己吗？

原文

先生王斗造门而欲见齐宣王，宣王使谒者延入。王斗曰："斗趋见王为好势，王趋见斗为好士，于王何如？"使者复还报，王曰："先生徐之，寡人请从。"宣王因趋而迎之于门，与入，曰："寡人奉先君之宗庙，守社稷，闻先生直言正谏不讳。"王斗对曰："王闻之过。斗生于乱世，事乱君，焉敢直言正谏？"宣王忿然作色，不说。

有间，王斗曰："昔先君桓公所好者五，九合诸侯，一匡天下，天子受[①]籍，立为大伯。今王有四焉。"宣王说，曰："寡人愚陋，守齐国，唯恐失抎之，焉能有四焉？"王斗曰："否！先君好马，王亦好马；先君好狗，王亦好狗；先君好酒，王亦好酒；先君好色，王亦好色；先君好士，是王不好士。"宣王曰："当今之世无士，寡人何好？"王斗曰："世无骐驎騄耳，王驷已备矣；世无东郭逡、卢氏之狗，王之走狗已具矣；世无毛嫱、西施，王宫已充矣。王亦不好士也，何患无士？"王曰："寡人忧国爱民，固愿得士以治之。"王斗曰："王之忧国爱民，不若王爱尺縠也。"王曰："何谓也？"王斗曰："王使人为冠，不使左右便辟而使工者，何也？为能之也。今王治齐，非左右便辟无使也，臣故曰不如爱尺縠也。"

宣王谢曰："寡人有罪国家。"于是举士五人任官，齐国大治。

注释 <<<

①受：同"授"。

史纪风云

贤人王斗求见齐宣王，齐宣王让谒者请他进来。王斗对谒者说："我快步去见大王是趋炎附势，大王快步见我是礼贤下士，大王看怎么办好呢？"谒者去请示齐宣王，齐宣王说："让先生慢走，寡人去迎他吧。"

齐宣王快步走到门外迎接王斗，和他一起入内。坐定后，齐宣王说："听说先生敢于进谏，直言不讳。"王斗说："大王误听了。王斗生于乱世，服事乱君，怎敢直言进谏啊？"齐宣王听了，忿然作色，心中不悦。

过了一会儿，王斗说："当年，先君桓公有五种爱好，九合诸侯，一匡天下，被周天子封为霸主。如今大王有四种爱好。"齐宣王听了，转怒为喜说："寡人愚陋，小心谨慎地守着国家，唯恐有失，怎能有四种爱好，岂不接近桓公了？"王斗说："有的。桓公好马，大王也好马；桓公好狗，大王也好狗；桓公好酒，大王也好酒；桓公好色，大王也好色；桓公好士，但大王不好士。"宣王听了，脸上又出现了阴云，问道："当今世上无士，让寡人如何是好啊？"王斗说："世上没有千里马，大王的厩中已经有了；世上没有名犬，大王的园中已经有了；世上没有毛嫱、西施，大王的后宫中已经有了。怎能说无士呢？只是大王不好罢了。"齐宣王说："寡人忧国爱民，当然愿意得到士来治理国家了。"王斗说："大王爱民不如爱绉纱。"齐宣王问道："此话怎讲？"王斗说："大王用绉纱做王冠时，不让左右的人做，怕他们把绉纱弄坏了，而是让能工巧匠做；但大王治理齐国百姓时，除了左右的人，谁也不用。因此说，大王爱民不如爱绉纱。"齐宣王听了，自责说："先生说得对，寡人对国家是有罪的。"于是，立即提拔五个士人做官，不久齐国就大治了。

◎战国 镶嵌兽纹盥缶◎

齐策四

赵威后

阅读提示

一个国家是以人民为尊贵，而非以君主、统治者为尊贵的。中国这种传统的民本主义思想渊源于先秦战国，对当时的政治家和各国首脑们认识国家的实质起到了很大的作用，矫正了统治者霸权主义的国家观念。英明的领导人应该明白只有以民为贵，以民为主，才能政通人和，长治久安。

原文

齐王使使者问赵威后。书未发，威后问使者曰：“岁亦无恙耶？民亦无恙耶？王亦无恙耶？”使者不说，曰：“臣奉使使威后，今不问王而先问岁与民，岂先贱而后尊贵者乎？”威后曰：“不然！苟无岁，何以有民？苟无民，何以有君？故有问舍本而问末者耶？”乃进而问之曰：“齐有处士曰钟离子，无恙耶？是其为人也，有粮者亦食，无粮者亦食；有衣者亦衣，无衣者亦衣。是助王养其民也，何以至今不业也？叶阳子无恙乎？是其为人，哀鳏寡，恤孤独，振困穷，补不足。是助王息其民者也，何以至今不业也？北宫[1]之女婴儿子无恙耶？彻其环瑱[2]，至老不嫁，以养父母。是皆率民而出于孝情者也，胡为至今不朝也？此二士弗业，一女不朝，何以王齐国、子万民乎？於陵子仲尚存乎？是其为人也，上不臣于王，下不治其家，中不索交诸侯。此率民而出于无用者，何为至今不杀乎？”

注释 <<<

①北宫：复姓。

②环瑱：耳臂环饰。瑱，耳饰。

史纪风云

周赧王五十年（公元前265年），齐襄王派使者带着他的亲笔信到赵国去问候赵威后。使者到了赵国，进了王宫，呈上书信。赵威后还未启封，先问道：“齐国年景好吗？百姓好吗？齐王好吗？”使者听了，不悦道：“臣奉命出使，太后不先问齐王，却先问年景和百姓，这岂不是把卑贱的放在前面而把尊贵的放在后边了吗？”赵威后说：“不对！没有好年景，怎么会有百姓呢？没有百姓，怎么会有国君呢？因此不能舍本而问末呀。”使者听了这话，无言以对。

接着，赵威后又问：“齐国有个处士叫钟离子，可好吗？他平日为人，有粮吃的他也接济粮食，无粮吃的他也接济粮食；有衣穿的他也接济衣服，无衣穿的他也接济衣服。他这是帮助齐王关心他的百姓啊！为什么直到今天还没有做官呢？叶阳子可好吗？他为人专好怜恤鳏寡孤独，救济贫困穷苦的人。这是帮助齐王爱护他的百姓啊！为什么直到今天还没有做官呢？北宫之女可好吗？她为了给父母养老，摘下环佩，到老不嫁，这是为百姓带头尽孝道啊。为什么齐王至今不召见她？齐国两个名士不得官做，一个孝女不被召见，齐王有何脸面在齐国为王，做万民父母啊？於陵子仲还在吗？他上不忠于国王，下不治理家业，中不结交诸侯。这是带领百姓不务正业啊，为什么到今天还不杀了他呢？”

赵威后对齐国的国情了如指掌，问得使者张口结舌，诚惶诚恐地退下去了。

齐策四

苏秦答齐王问

阅读提示

公元前288年，齐国和秦国约定共同称帝，这使它们成为最强大的两个国家，而它们也有瓜分别国的约定。苏秦受燕昭王所托在齐国活动，劝齐王放弃帝号，背约抗秦，南下攻宋，使齐国孤立，并把祸水引向了南方，以便为燕国破齐创造机会。

原文

苏秦自燕之齐，见于华章南门。齐王[1]曰："嘻！子之来也。秦使魏冉致帝，子以为何如？"对曰："王之问臣也卒[2]，而患之所从生者微。今不听，是恨秦也；听之，是恨天下也。不如听之以卒秦，勿庸称也以为天下。秦称之，天下听之，王亦称之。先后之事，帝名为无伤也。秦称之而天下不听，王因勿称，其于以收天下，此大资也。"

注释 <<<

①齐王：湣王。

②卒：促。

史纪风云

周赧王二十七年（公元前288年），苏秦从燕国来到齐国。齐湣王在华章宫的南门接见他。齐湣王说："你来得正好，秦王派魏冉送帝号给寡人，你看寡人如何是好呢？"原来，秦昭襄王派使者来见齐湣王，要和他并称东西二帝，并约齐湣王共同伐赵。苏秦见齐湣王向他问计，便回答说："大王问得太仓促了，而祸患是从隐微处产生的。现在，如果大王不接受帝号，秦王会恨你；如果接受帝号，天下的人会恨你。依臣之见，不如接受帝号以应付秦王，却暂不称帝以避免天下人恨你。秦称帝后，如果天下人听之任之，那时大王再称帝。这样，称帝虽有先后，但帝号是一样的。秦称帝后，如果天下的人不同意，大王便不要称帝，这可是笼络天下人心的大资本啊。"齐湣王听了，笑着说："好主意！"于是，便只接受秦王送给他的帝号，却暂不称帝。苏秦又问齐湣王说："大王认为和秦国相约伐赵好呢？还是大王单独伐宋好？"齐湣王想了想，说道："当然是单独伐宋好了。"苏秦说："是的，还是单独伐宋有利。如果占领宋国，卫国的阳城就危险了；占领淮北，楚国的东方就危险了；占领济西，赵国的河东就危险了；占领阴、平陆两地，魏国大梁的城门就不敢开了。因此，伐宋可使国重名威，这是汤武之业啊！"齐湣王深以为然，不久便出兵灭了宋国。

齐策六

皮裘

阅读提示

田单爱护百姓、关心百姓的疾苦，是应该受人尊敬的。而齐襄王轻而易举地就把功劳归到了自己身上，从中可以看出齐襄王对臣子的不信任。襄王对田单的肯定、褒扬、给予，使自己也得到很大的实惠，从中可以看出齐襄王的狡诈。

原文

燕攻齐，齐破。闵王奔莒，淖齿杀闵王。田单守即墨之城，破燕兵，复齐墟。襄王为太子征[①]，齐以破燕，田单之立疑，齐国之众，皆以田单为自立也。襄王立，田单相之。过菑水，有老人涉菑而寒，出不能行，坐于沙中。田单见其寒，欲使后车分衣，无可以分者，单解裘而衣之。襄王恶之，曰："田单之施，将欲以取我国乎？不早图，恐后之。"左右顾无人，岩下有贯珠者[②]，襄王呼而问之，曰："女闻吾言乎？"对曰："闻之。"王曰："女以为何若？"对曰："王不如因以为己善。王嘉单之善，下令曰：'寡人忧民之饥也，单收而食之；寡人忧民之寒也，单解裘而衣之。寡人忧劳百姓，而单亦忧之，称寡人之意。'单有是善，而王嘉之，善单之善，亦王之善已。"王曰："善！"乃赐单牛酒，嘉其行。

后数日，贯珠者复见王，曰："王至朝日，宜召田单而揖之于庭，口劳之；乃布令求百姓之饥寒者，收榖之。"乃使人听于闾里，闻丈夫之相与语，举曰："田单之爱人！嗟，乃王之教泽[③]也！"

注释 <<<

①征：信实。

②贯珠者：贯穿珍珠的人。

③泽：流风，影响。

◎战国 猛虎袭牛铜枕◎

史纪风云

燕将乐毅率领五国联军攻打齐国，连克七十余城。齐国几乎灭亡，只剩下即墨和莒两座城了。后来，齐国大将田单以即墨为根据地，赶走了五国联军，立齐湣王的太子法章为齐王，即齐襄王。

齐襄王即位后，田单担任相国。一天，齐襄王和田单坐车过淄水。忽见一个老人涉水而过，上岸后，腿因水寒走不了啦，只得坐在岸边的沙滩上。

这情景田单都看在眼里，他很心疼老人，便对随车的人说："快分些衣服给老人穿。淄水太凉，老人冻得走不了啦。"随车的人回答说："实在没有多余的衣服了。"于是，田单便脱下身上的皮裘给老人披上。

齐襄王见田单这样关怀百姓，以为他是在笼络人心，要图谋不轨，因而心里十分厌恶，不由得脱口说道："田单将皮裘施舍给老人，是不是有心谋取寡人的国家啊！如果不早下手，会让他抢先的。"

齐襄王说完，引颈四顾，只见岸边有个穿珍珠的人，正在那里打捞珍珠。齐襄王向他喊道："喂，过来，你听到寡人说的话了吗？"那人回答说："听到了。"齐襄王问道："你认为寡人如何是好？"那人说："依小人之见，大王不如把田单做的好事当做自己的。大王可以嘉奖田单说：'寡人担心百姓挨饿，田单就收留百姓并给他们吃的；寡人担心百姓寒冷，田单就脱下皮裘给百姓穿。寡人关心百姓，田单也关心百姓，寡人很满意。'田单做好事，大王嘉奖了他，那么，田单做的好事就等于大王做的了。"齐襄王说："说得好！"

几天后，那人又见齐襄王说："大王上朝时，要召见田单，当着大臣的面慰劳他，并让他收养饥寒的百姓。"齐襄王说："好吧。"上朝时，齐襄王果然这样做了。

齐襄王派人到民间去探听，听到百姓们异口同声地说："田单爱护百姓，都是大王教的。"齐襄王听说后，这才放心了。

历代名家点评

司马迁：兵以正合，以奇胜。善之者，出奇无穷。奇正还相生，如环之无端。夫始如处女，适人开户；后如脱兔，适不及距；其田单之谓邪！

◎战国 错金铜编钟◎

齐策六

田单破狄

阅读提示

吃苦在前，享受在后，一切行为都是战士的表率，这是一个优秀指挥员应具备的基本素质。田单在攻狄之战中，最初居功自傲，意志消沉，使战斗遭受挫败。后经鲁仲连批评，翻然改过，终于拿下狄城。

原文

田单将攻狄，往见鲁仲子。仲子曰："将军攻狄，不能下也。"田单曰："臣以五里之城，七里之郭，破亡馀卒，破万乘之燕，复齐墟。攻狄而不下，何也？"上车弗谢而去。遂攻狄，三月而不克之也。

齐婴儿谣曰："大冠若箕，修剑拄颐[1]，攻狄不能下，垒枯丘。"田单乃惧，问鲁仲子曰："先生谓单不能下狄，请闻其说。"鲁仲子曰："将军之在即墨，坐而织蒉[2]，立则丈插，为士卒倡曰：'可往矣？宗庙亡矣！云曰尚矣！归于何党[3]矣？'当此之时，将军有死之心，而士卒无生之气，闻若言，莫不挥泣奋臂而欲战。此所以破燕也。当今将军东有夜邑之奉，西有菑上之虞，黄金横带，而驰乎淄、渑之间，有生之乐，无死之心。所以不胜者也。"田单曰："单有心，先生志之矣。"明日，乃厉气[4]循城，立于矢石之所，乃援枹鼓之，狄人乃下。

注释 <<<

①颐：腮。

②蒉：草筐。

③党：乡。

④厉气：激励士气。

史纪风云

周赧王三十六年（公元前279年），田单将要率军去攻打狄城。出兵前，田单先去见鲁仲子，将这次军事行动告诉他。鲁仲子说：

“将军这次攻打狄城，是不能攻克的。”田单打断他的话说：“想当年，我仅凭即墨五里之城和新败的七千之众，便光复了齐国，你怎么说我不能攻克狄城呢？”说完，也没道别，上车就走了。

不料，事情果如鲁仲子所言，田单到狄城后，攻了三个月之久，仍然未能攻克。

这时，齐国传唱起一首童谣：“大冠若箕，修剑拄颐，攻狄不能下，垒枯丘。”这是讽刺田单的，说他戴着大大的将军帽，大得像簸箕似的，还佩着长长的剑，一直拄到腮帮子上。他攻打狄城不能攻克，在城下战死的将士积骨如山。田单听到这首童谣后，心中恐惧，忙请教鲁仲子说：“先生说我不能攻克狄城，请说说原因好吗？”鲁仲子说：“当初在即墨时，将军坐着就编筐，站着就拿锹挖战壕，和士兵同甘共苦，常给士兵唱道：‘我们到哪儿去啊？宗庙没了，祖宗也无家可归了。’那时，将军有必死之心，士兵也无求生之意。士兵们听了你的话，无不挥泪奋臂，要决一死战，因而才打败了燕军。而今天则不同了，将军东有封邑的供奉，西有淄水的游乐，腰缠金饰玉带，扬鞭驰骋在淄、渑二水之间，只有活着的快乐，没有誓死的决心，因此狄城迟迟不能攻克。”田单听了，坚决地说：“田单有决死之心，先生记着这句话吧！”

◎田单◎

第二天，田单激励士气，绕行城外，站在矢石交下的地方，亲自擂战鼓。士兵见主帅亲临战场，一个个慷慨激昂，奋勇攻城，很快就把狄城攻克了。

齐策六

君王后

阅读提示

君王后能冲破礼教束缚，自主择婿；她主持大局，和各国长期友好相处；她身系齐国安危，是一位了不起的女英雄。“巾帼不让须眉”，正是君王后的写照。我们要想真正成就一番大事业，就要超越一些陋习俗见，超越普通人的胆量和想象，敢作敢为。

原文

齐闵王之遇杀，其子法章变姓名，为莒太史家庸夫。太史敫女奇法章之状貌，以为非常人，怜而常窃衣食之，与私焉。莒中及齐亡臣相聚，求闵王子，欲立之。法章乃自言于莒，共立法章为襄王。襄王立，以太史氏女为王后，生子建。太史敫曰：“女无谋而嫁者，非吾种也，污吾世矣。”终身不睹。君王后贤，不以不睹之故失人子之礼也。

襄王卒，子建立为齐王。君王后事秦谨，与诸侯信，以故建立四十有馀年不受兵。秦始皇尝使使者遗君王后玉连环，曰：“齐多知，而[1]解此环不？”君王后以示群臣，群臣不知解。君王后引椎椎破之，谢秦使曰：“谨以解矣。”及君王后病，且卒，诫建曰：“群臣之可用者某。”建曰：“请书之。”君王后曰：“善。”取笔牍受言，君王后曰：“老妇已亡矣。”君王后死，后后胜相齐，多受秦间金玉，使宾客入秦，皆为变辞[2]，劝王朝秦，不修攻战之备。

注释 <<<

①而：同“能”。

②变辞：变诈不实之言。

史纪风云

淖齿杀掉齐湣王后，又要杀掉太子法章，以除后患。法章侥幸逃脱，更名改姓，到莒城太史家做佣工。

莒城太史有个女儿，聪明美丽，见太子长得相貌奇伟，认为他不是寻常之辈，不由得从心里爱上了他。

法章虽是一名佣工，但太史女儿常常偷偷地送给他食物和衣服，两人渐渐产生了感情，便暗暗做了夫妻。

不久，太子听说国人正在寻找他，要立他为王，光复齐国，便说出了自己的身份。一些老臣见了太子，无不痛哭流涕，当即立他为齐王，誓死抗击燕军。太子即位称王，史称齐襄王。他不忘旧情，把莒城太史女儿接到临淄，立为王后，人称君王后。

莒城太史听说后，气愤地说："女儿无媒而嫁，有辱家门，不配做我的后代。"便发誓终身不见女儿。君王后为人十分贤孝，并不因为父亲不见她而不承认父亲，仍尽做女儿的孝道。

齐襄王死后，君王后生的儿子太子建即位，史称齐王建。君王后与秦国交往特别谨慎，与其他各国之间也恪守信义，因此齐国四十多年无战事，百姓过上了安定日子。

◎战国 镶嵌鸟首龙纹盖豆◎
盛食器，深腹，细柄，圈足。盖周有四立兽形圆环钮，腹部两蛇形环耳。全器饰以绿松石镶嵌的鸟首龙纹和蟠龙纹。器有铭文七字，表明为曾侯乙所做用器。

有一年，秦王政派使者送给君王后一个玉连环说："听说齐人多智，能解开这个玉连环吗？"君王后召集大臣，出示玉连环说："你们都看看，有谁能打开它？"大臣们传视半天，没有一个人能打开。君王后命令侍者说："拿锤子来！"侍者拿来锤子，交给君王后。君王后拿起锤子，咣地一声就把玉连环砸碎了，然后对秦国使者说："玉连环已经解开了。"

后来，君王后病重，死前对齐王建说："我死后，群臣中有一个人可以重用。"齐王建说："请母后写下他的名字吧。"君王后说："好吧。"可等到笔和写字板拿来时，君王后的脑力已经衰竭，对齐王建说："那人的名字我已经忘了。"君王后死后，齐人无不怀念她。

齐策六

齐王建亡国

阅读提示

即墨大夫的一番慷慨陈词令人钦佩，只可惜是对牛弹琴。而司马官的一句问话倒是一时起到了作用。天下并非一家一姓的天下，君王只不过是国家社稷的管理者，人们设立这种管理者的根本目的是为了国家和民众的利益，而非君王个人的利益。这种最基本最朴素的民主思想在战国时代就很有影响，在当时的政治文化中占据着主流地位。

原文

齐王建入朝于秦，雍门司马前曰："所为立王者，为社稷耶？为王立王耶？"王曰："为社稷。"司马曰："为社稷立王，王何以去社稷而入秦？"齐王还车而反。即墨大夫与雍门司马谏而听之，则以为可以为谋，即入见齐王，曰："齐地方数千里，带甲数百万。夫三晋大夫皆不便秦，而在阿、鄄之间者百数，王收而与之百万之众，使收三晋之故地，即临晋之关可以入矣；鄢郢大夫不欲为秦，而在城南下者百数，王收而与之百万之师，使收楚故地，即武关可以入矣。如此，则齐威可立，秦国可亡。夫舍南面之称制[1]，乃西面而事秦，为大王不取也。"齐王不听。

秦使陈驰诱齐王，内之，约与五百里之地。齐王不听即墨大夫而听陈驰，遂入秦。处之共松柏之间，饿而死。先是，齐为之歌曰："松耶！柏耶！住建共者，客[2]耶？"

注释 <<<

①制：帝王的命令。

②客：指陈驰。

史纪风云

君王后死后，齐王建任命后胜为相国。后胜为人十分贪婪，毫无忠君爱国之心。他经常接受秦国间谍赠给他的金玉，按照秦王的意思劝说齐王建到秦国去朝拜秦王，不修战守之备。

秦王政二十六年（公元前221年），齐王建坐上车子，要去朝拜秦王。雍门司马横持长戟拦住了车，对齐王建说："大王，你可知道为什么立你为王吗？是为社稷而立，还是为立王而立？"齐王建回答说："当然是为了社稷而立啦。"雍门司马说："既然是为社稷而立，大王为什么要抛弃社稷而到秦国去呢？"齐王建被问住，自知理亏，便掉过车头回宫去了。

四十年来，秦国推行"远交近攻"的策略，一直争取和齐国结好，齐王建也一直想同秦国结好。秦军灭掉赵、韩、魏、楚、燕时，齐国一直袖手旁观，见死不救。现在，秦军已经到了齐国大门口。

即墨大夫听说齐王建采纳了雍门司马的建议，以为齐王建还是可以救药的，便入宫献策说："秦军虽到国门，但并不可怕。我们齐国地广人多，纵横数千里，甲士数百万，是可以抵御秦军的。再说，三晋灭亡后，逃到我国的三晋大夫多达百余人，大王可以给他们百万之师，让他们去收复三晋失地，我们就可以通过临晋关打入秦国了。楚国灭亡后，逃进我国的楚国大夫也多达百余人，大王也可以给他们百万之师，让他们去收复失地，我们就可以通过武关打入秦国了。这样，秦国必亡，大王就可以称王天下了。"齐王建不肯采纳他的建议。秦王用重金收买了齐国人陈驰，让他利诱齐王建说："只要大王朝拜秦王，秦王一定割给大王五百里土地。"齐王建信以为真，驾车到了秦国。

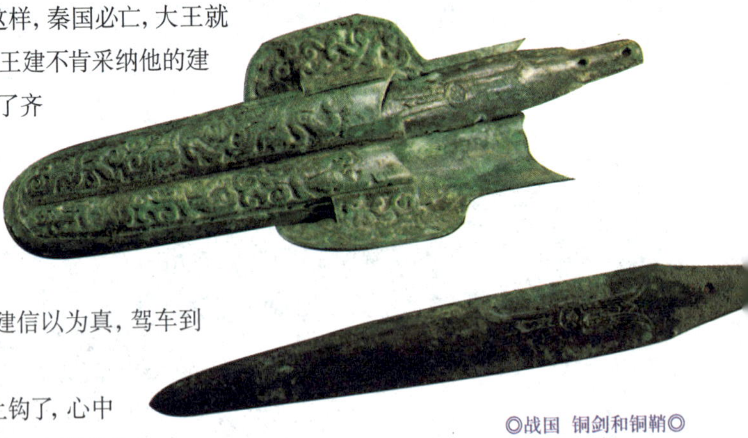

秦王听说齐王上钩了，心中大喜，派人把他囚禁在一个叫共的地方，活活将他饿死了。这样，齐国灭亡，秦王终于统一了天下。

◎战国 铜剑和铜鞘◎

楚策一

昭阳献策救齐

阅读提示

六国合纵最后以失败告终，最根本的原因就是各国都心怀鬼胎，各有利益，不能同心合力。五国合纵攻击齐国，楚相昭阳却从中搞鬼，所以合纵一下就解体了。韩相国公仲轻易改变了行动，可见利益的诱惑、武力的威慑对人的行为影响多么巨大。

原文

五国[①]约以伐齐。昭阳谓楚王曰："五国已破齐，秦必南图。"楚王曰："然则奈何？"对曰："韩氏，辅国也，好利而恶难。好利，可营也；恶难，可惧也。我厚赂之以利，其心必营[②]；我悉兵以临之，其心必惧我。彼惧吾兵而营我利，五国之事必可败也。约绝之后，虽勿与地，可。"

楚王曰："善。"乃命大公事之韩，见公仲曰："夫牛阑之事，马陵之难，亲王之所见也。王苟无以五国用兵，请效列城五，请悉楚国之众也，以廧于齐。"

齐之反赵、魏之后，而楚果弗与地，则五国之事困也。

注释 <<<

①五国：谓燕、秦、赵、韩、魏。

②营：惑也。

史纪风云

周赧王三十一年（公元前284年），燕将乐毅率领五国之师伐齐，齐国岌岌可危了。

这时，楚国令尹昭阳对楚王说："五国之师破齐后，一定会南下进攻我国的。"楚王说："既然这样，那我们如何是好呢？"昭阳回答说："韩王好利而畏难，好利，我们可以利诱他；畏难，我们可以恫

◎战国 立牛铜伞盖◎

这件铜伞盖整体呈覆锅状，顶端铸有一头立牛，是古滇人专门作为随葬用的仪仗伞具。

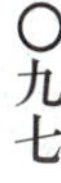

吓他。我们先用割地利诱他，再用重兵恫吓他，让韩军退出联军。我们的目的达到后，即使不割给他地也是可以的。”楚王说：“真是妙计！”于是，派使者去见韩国相国公仲。

楚使见了公仲，对他说：“当年，齐国救韩围魏，大破魏军于马陵，大王一定还记得。现在，如果大王退出五国联军，楚国愿献给韩国五座城池。”公仲听说后，与韩王商量，退出了五国联军。

五国联军因韩国退出，也自动解散了。楚国达到目的后，不肯向韩国割地，韩国也无可奈何。

楚策一

狐假虎威

阅读提示

用寓言来作类比，最能直观地说明问题，虽然老虎、狐狸、楚宣王、昭奚恤四个事物本身没有什么可比性，但是狐狸借助虎威这件事的事理和性质，却与昭奚恤借助楚宣王造势有着异曲同工之妙，所以两件事有着可比性，而且用类比的说话技巧易于让受众理解。

原文

荆宣王问群臣曰："吾闻北方之畏昭奚恤[1]也，果诚何如？"群臣莫对。江乙对曰："虎求百兽而食之，得狐。狐曰：'子无敢食我也。天帝使我长百兽，今子食我，是逆天帝之命也。子以我为不信，我为子先行，子随我后，观百兽之见我而敢不走乎？'虎以为然，故遂与之行。兽见之，皆走。虎不知兽畏己而走也，以为畏狐也。今王之地方五千里，带甲百万，而专属之于昭奚恤，故北方之畏奚恤也，其实畏王之甲兵也，犹百兽之畏虎也。"

注释 <<<

①昭奚恤：楚宣王之相。

史纪风云

楚宣王即位后，任命昭奚恤为令尹，对他十分宠爱。

有一天，楚宣王问群臣说："寡人听说北方各国都怕昭奚恤，这是真的吗？"群臣见楚王发问，都不回答。

有个魏国人名叫江乙，在楚国做官。他见大家都不做声，便回答说："大王，臣听说有这样一个故事：一天，一只老虎饿了，要寻找百兽吃，走着走着，逮住了一只狐狸。狐狸见自己逃不掉了，心生一计，对老虎说：'老虎，你是不敢吃我的！天帝让我做百兽之长，你吃我便违背了天帝之命，是要受到严惩的。如果你不相信，

◎战国 铜鸟盖形壶◎

我在你前面走，你在我后面跟着，看一看百兽见了我之后，有敢不逃走的吗？'老虎听了，深以为然，便跟在狐狸后面走。百兽见老虎来了，都吓得拼命逃走了。老虎不知道百兽是怕它而逃的，以为是怕狐狸哩。如今大王国土纵横五千里，甲士上百万，都托付给昭奚恤了，北方各国能不怕他吗？因此，北方各国怕昭奚恤，其实是怕大王，正如百兽怕虎一样啊。"

楚宣王听了，这才如梦方醒。

成语典故

狐假虎威

假，凭借。狐狸凭借老虎的威风。比喻仗势欺人。

楚策一

善恶兼听

阅读提示

事物常常有好的一面，也有坏的一面，关键是从哪个角度去看。做到善恶兼听，全方位地考虑问题，才能找到解决问题的好方法。

原文

江乙欲恶昭奚恤于楚，谓楚王曰：“下比周[1]，则上危；下分争，则上安。王亦知之乎？愿王勿忘也。且人有好扬人之善者，于王何如？”王曰：“此君子也，近之。”江乙曰：“有好扬人之恶者，于王何如？”王曰：“此小人也，远之。”江乙曰：“然则且有子杀其父，臣弑其主者，而王终已不知者，何也？以王好闻人之美，而恶闻人之恶也。”王曰：“善。寡人愿两闻之。”

注释 <<<

①比周：结党，联盟。

史纪风云

有一天，江乙对楚宣王说：“大王，臣认为如果大臣结成朋党，君王就危险了；大臣们如果分散相争，君王就安稳了。大王知道这个道理吗？请大王一定要牢牢记住。还有，如果有人愿意扬人之善，大王认为如何呢？”楚宣王回答说：“这是君子啊，应该亲近这样的人。”江乙又问：“如果有人愿意扬人之恶，大王认为如何呢？”楚宣王回答说：“这是小人啊，应该疏远这种人。”江乙说：“但是，如果有人要杀他的父亲，有人要杀他的君王，别人也不能说出他们的罪恶，不能揭发他们吗？”楚宣王听了，恍然大悟说：“看来，扬人之善的不一定是君子，扬人之恶的也不一定是小人，善恶两方面都要听啊。”

◎战国　蟠螭纹铜镜◎

楚策一 以身为殉

阅读提示

江乙的善谋，关键在于他对人情冷暖和世态炎凉有着清醒的洞察和把握。安陵君其实也是一个很有城府的睿智之人，他知道语言的效用取决于它所运用的语言环境，环境不一样，效用自然也就不一样。这种严格把握、选择说话时机的方法值得我们钦佩和学习。

原文

江乙说于安陵君曰："君无咫尺之地，骨肉之亲，处尊位，受厚禄，一国之众，见君莫不敛衽[①]而拜，抚委[②]而服，何以也？"曰："王过举而已。不然，无以至此。"

江乙曰："以财交者，财尽而交绝；以色交者，华落而爱渝[③]；是以嬖女不敝席，宠臣不避轩。今君擅楚国之势，而无以深自结于王，窃为君危之。"安陵君曰："然则奈何？"江乙曰："愿君必请从死，以身为殉。如是，必长得重于楚国。"曰："谨受令。"

三年而弗言。江乙复见曰："臣所为君道，至今未效。君不用臣之计，臣请不敢复见矣。"安陵君曰："不敢忘先生之言，未得间也。"

于是，楚王游于云梦，结驷千乘，旌旗蔽日，野火之起也若云蜺，兕虎嗥之声若雷霆。有狂兕牂车依轮而至，王亲引弓而射，壹发而殪[④]。王抽旃旄而抑兕首，仰天而笑曰："乐矣，今日之游也。寡人万岁千秋之后，谁与乐此矣？"安陵君泣数行而进曰："臣入则编席，出则陪乘。大王万岁千秋之后，愿得以身试黄泉，蓐蝼蚁，又何如得此乐而乐之。"王大说，乃封坛为安陵君。君子闻之，曰："江乙可谓善谋，安陵君可谓知时矣。"

注释 <<<

①敛衽（rèn）：古时礼拜把衣襟提至衣带间，表示恭敬。

②抚委：用手按着帽子。

③渝：变更。

④殪：死。

史纪风云

安陵坛是楚宣王的男宠，美如妇人，日夜陪伴在楚宣王的身边，楚宣王一刻也离不开他。

有一天，江乙对安陵坛说："你对楚国没有尺寸之功，你和楚王又非骨肉之亲，但却居尊位，受厚禄，国人见你没有不下拜鞠躬的。请问，这是为什么呢？"安陵坛回答说："只不过是大王误举而已。否则，怎会如此呢？"江乙说："靠财和人结交的，钱用光时交情也就断绝了；靠色和人结交的，容颜憔悴时情爱也就没有了。因此，宠姬等不到席子破，男宠等不到车子破，就会被抛弃了。如今你在楚国声势赫赫，若不想法固宠，来日堪忧啊。"安陵坛问："既然如此，先生看如何是好呢？"江乙回答说："希望你同大王说，你愿意随大王而死，愿意以身为大王殉葬。这样，你在楚国就一定能长保富贵了。"安陵坛说："多谢先生指教。"

一晃，三年过去了，安陵坛一直未同楚王说愿意殉葬的事。一天，江乙找到安陵坛说："我对你说的话，你一直未做。你不听我的良策，我不敢再见你了。"安陵坛说："哪敢忘掉先生的话，只是一直没有机会啊。"江乙说："那好，可一定要抓紧啊。"

不久，楚宣王到云梦泽游猎，连车千辆，旌旗蔽日。放火烧山时，火起有如彩霞。虎豹惊恐，吼声就像霹雳似的。突然，一头发疯的犀牛向楚王的车子冲来。楚王亲自引弓而射，犀牛应声而倒，一箭毙命。楚王乐得拔下车上的旗，敲着犀牛的头说："痛快！今日的游猎真痛快。但寡人万岁千秋之后，谁与我共享此乐啊？"身旁的安陵坛听了这话，一看机会来了，忙上前流泪说："臣每日入则侍枕席，出则陪车驾，大王万岁千秋之后，臣愿以身为殉，随大王于黄泉之下，与大王共享此乐。"楚宣王一听，心中大喜，立即封安陵坛为安陵君。君子听到这件事后，都说："江乙足智多谋，安陵君善于把握时机。"

成语典故

先驱蝼蚁

自己先死，埋葬地下，为别人驱除蝼蚁。形容效命于人，为人打前锋。

楚策一 江乙使楚

阅读提示

人们在发表意见时，受各种条件的制约，从不同角度出发，往往各有所得，也各有所失。偏听偏信，常常会把事情变糟。本文旨在说明应当倾听来自各方的不同意见。

原文

江乙为魏使于楚，谓楚王曰："臣入竟，闻楚之俗不蔽人之善，不言人之恶，诚有之乎？"王曰："诚有之。"江乙曰："然则白公之乱，得无遂乎？诚如是，臣等之罪免矣。"楚王曰："何也？"江乙曰："州侯相楚，贵甚矣而主断，左右俱曰'无有'，如出一口矣。"

史纪风云

周显王十七年（公元前352年），江乙作为魏国使者来到楚国，对楚宣王说："臣进入楚国国境后，听说楚国有一种风俗：不掩盖别人的善，不说别人的恶。真有这种事吗？"楚宣王回答说："真有这种事。"江乙说："既然这样，白公作乱，能不得逞吗？果真如此的话，大臣的罪过都可以幸免了。"

听了这话，楚宣王想起了当年白公作乱的事：当年，楚平王杀了伍子胥的父亲和哥哥，还要杀太子建。太子建逃到郑国，在郑国阴谋作乱被杀后，楚国令尹子西不听叶公的劝告，把太子建的儿子白公胜召回，让他住在楚国和吴国的边境上。周敬王四十一年（公元前479年），白公胜请求攻打郑国，为父报仇。子西不同意，白公胜怀恨在心，想要杀死子西。同年，吴军入侵，被白公胜打败。战后，白公胜请求到楚国都城进献战利品，被允许了。于是，他趁机在都城发动了叛乱，杀了子西等大臣，劫持了楚惠王。叶公闻讯，率军进入郢都平叛。白公胜战败，逃到山上自缢而死。

楚宣王想起这件前朝的往事，仍然心有余悸，越发觉得江乙说得有理，便说："看来，不掩盖别人的善，不说别人的恶这种风俗有它的弊端，一定要改。否则坏人作恶，无人过问，那怎么能行呢？"

楚策一

楚王中计

阅读提示

张仪是个不择手段、心肠歹毒的说客，所以他的游说，大多以势压人、威逼利诱、恐吓敲诈。苏秦与张仪为各自的政治主张跑遍了每个国家，二人对国君们的游说虽没有发生在同一时间，但二人的说辞针锋相对，互为矢的，宛如二人同时在各国君前辩论一样。二人都口锋犀利，究竟谁能最终说服各位国君，值得我们仔细观瞧。

原文

张仪相秦，谓昭雎[1]曰："楚无鄢、郢、汉中，有所更得乎？"曰："无有。"曰："无昭过、陈轸，有所更得乎？"曰："无所更得。"张仪曰："为仪谓楚王逐昭过、陈轸，请复鄢、郢、汉中。"昭雎归报楚王，楚王说之。

有人谓昭过曰："甚矣，楚王不察于争名者也。韩求相工陈籍而周不听，魏求相綦毋恢而周不听，何以也？周：'是列县畜我也。'今楚，万乘之强国也；大王，天下之贤主也。今仪曰逐君与陈轸，而王听之，是楚自行[2]不如周，而仪重于韩、魏之王也。且仪之所行，有功名者，秦也，所欲贵富者，魏也。欲为攻于魏，必南伐楚。故攻有道，外绝其交，内逐其谋臣。陈轸，夏人也，习于三晋之事，故逐之，则楚无谋臣矣；今君能用楚之众，故亦逐之，则楚众不用矣。此所谓内攻之者也，而王不知察。今君何不见臣于王，请为王使齐交不绝。齐交不绝，仪闻之，其效鄢、郢、汉中必缓矣。是昭雎之言不信也，王必薄之。"

注释 <<<

①昭雎：楚国谋臣。

②行：是。

◎战国 铜戈◎

史纪风云

张仪做了秦国的相国，对楚国谋臣昭雎说："楚国失掉鄢、郢、汉中后，还有这样的重地吗？"昭雎回答说："没有了。"张仪又问："楚国失掉陈轸、昭过，还有这样的贤臣吗？"昭雎回答说："没有了。"张仪说："那好，请你替我对楚王说：'只要赶走陈轸和昭过，秦国愿意将鄢、郢、汉中三地归还给楚国。'"

昭雎回到楚国，将张仪的话报告楚王，楚王听说鄢、郢、汉中三地可以失而复得，就高兴地答应了。

有人对昭过说："大王太糊涂了。韩王让东周君任命工师藉为相国，东周君不答应；魏王让西周君任命綦毋恢为相国，西周君也不答应。为什么呢？东周君和西周君说：'这是拿我们当郡县看待了。'如今楚国是万乘强国，大王是天下的贤王，今天张仪说赶走先生和陈轸，大王竟然听从了。这样，楚国还不如东周和西周了，张仪则重于韩王和魏王了。张仪的所作所为，是想在秦国得到功名，在魏国得到富贵。如果要为魏国寻找进攻对象，必然南下伐楚。攻伐是有诀窍的：在外部要断绝它和友邦的关系，在内部要赶走它的谋臣。陈轸是中原人，熟悉三晋的事，所以要驱逐他，让楚国没有谋臣；先生能号召楚国的民众，所以也驱逐先生，使楚国无人可用。这就是所谓的从内部进攻，而大王却没有察觉。现在，先生何不去见大王，请大王不要和齐国断绝关系。如果不和齐国断绝关系，张仪便不会马上献出鄢、郢、汉中之地。这样，大王便不会相信昭雎的话，而是轻视他了。"

楚怀王不听昭过的话，从而钻进了张仪设下的陷阱。

甘茂之死

阅读提示

为了自己国家的利益，谋士们一心想着如何削弱、分裂除自己国家之外的所有国家，而自己的大国权威，完全是建立在他国的纷争和损失之上的。国家之间如此，人与人之间也难免有这种唯自己利益是图、损害谋算他人的现象。“防人之心不可无”，古人留给我们《战国策》这个谋略宝库，也旨在让我们洞察阴谋、保护自己。

原文

魏相翟强死。为甘茂谓楚王曰：“魏之几[1]相者，公子劲也。劲也相魏，魏、秦之交必善。秦、魏之交完，则楚轻矣。故王不如与齐约，相甘茂于魏。齐王好高人以名，今为其行人请魏之相，齐必喜。魏氏不听，交恶于齐；齐、魏之交恶，必争事楚。魏氏听，甘茂与樗里疾，贸首之仇[2]也，而魏、秦之交必恶，又交重楚也。”

注释 <<<

①几：差不多，有可能。

②贸首之仇：谓以头相交易，表示势不两立。

史纪风云

秦国相国甘茂被排挤出走后，到了齐国，被齐王任命为上卿。周赧王十年（公元前305年），齐宣王命甘茂出使楚国。这时，秦国和楚国刚刚通婚，正处于亲善时期。

秦王听说甘茂到了楚国，心想：“甘茂是个难得的人才，还是请他回来吧。”于是，便请楚怀王将甘茂送回秦国。楚怀王想：“送甘茂回秦国做相国，他一定感恩而对楚国友好的。”想到这里，他决定按照秦王的要求将甘茂送回秦国去。

这时，楚国的一个大臣听说了这件事，忙入宫对楚怀王说：“甘茂贤能过人，如果让他回秦国做相国，会对楚国不利的。”楚怀王听了，便打消了送甘茂回秦国的念头。

这时，魏国相国翟强死了。有人对楚怀王说："魏国新任相国极有可能是公子劲。公子劲若做了魏国的相国，魏国一定会同秦国友好的。那时，楚国对比之下，力量就不如秦国了。因此，大王不如与齐国约好，送甘茂到魏国去做相国。齐王喜欢他的名声高过别人，听说让他的使者到魏国去做相国，一定会高兴的。魏王如果不答应甘茂做相国，齐、魏两国的关系就会恶化。这时，两国都会争着服事楚国的。魏王如果答应甘茂做相国，因甘茂和秦相樗里疾有不共戴天之仇，秦、魏关系必然恶化。那时，他们又会争着和楚国交好的。"

楚怀王听了，觉得深为有理，便送甘茂到魏国了。甘茂到魏国后，并没有被任命为相国。后来，他死于魏国。由于甘茂之死，楚怀王得罪了秦王，一度好转的两国关系又恶化了。

成语典故

贸首之仇

贸首，想得到对方的头颅。形容双方有极大的仇恨，想得到对方的头颅才甘心。

楚策二

靳尚救张仪

阅读提示

谋略、策略的根本在于采用迂回、拐弯抹角的形式。拐弯抹角，就是通过转换角度、借助其他中介来说服对方的方法。楚怀王准备杀掉张仪，靳尚为其游说解难。靳尚能够抓住解决问题的关键人物，并从对方的利益出发，危言耸听，说其利害，并最终解决难题，这种方法是值得我们学习的。

原文

楚怀王拘张仪，将欲杀之。靳尚为仪谓楚王曰："拘张仪，秦王必怒。天下见楚之无秦也，楚必轻矣。"又谓王之幸夫人郑袖曰："子亦自知且贱于王乎？"郑袖曰："何也？"尚曰："张仪者，秦王之忠信有功臣也，今楚拘之，秦王①欲出之。秦王有爱女而美，又简择宫中佳丽好玩习音②者以欢从之，资之金玉宝器，奉以上庸六县为汤沐邑，欲因张仪内之楚王，楚王必爱。秦女依强秦以为重，挟宝地以为资，势为王妻以临于楚；王惑于虞乐，必厚尊敬亲爱之而忘子。子益贱而日疏矣。"郑袖曰："愿委之于公，为之奈何？"曰："子何不急言王出张子？"张子得出，德子无已时；秦女必不来，而秦必重子。子内擅楚之贵，外结秦之交，畜张子以为用，子之子孙必为楚太子矣，此非布衣之利也。"郑袖遽说楚王出张子。

注释 <<<

①秦王：惠王。

②好玩习音：既好玩又习知音乐。

史纪风云

周赧王二年（公元前313年），张仪为了让楚怀王和齐国绝交，欺骗楚怀王说："只要大王和齐国绝交，秦国愿意献出商於之地六百里给楚国。”楚怀王一听说和齐国绝交便能得到六百里土地，便痛痛快快地答应了。

楚怀王和齐国绝交后，张仪只献出纵横仅六里的一小块土地。楚怀王大怒，发兵进攻秦国，结果在丹阳、蓝田大败。从此，楚怀王恨死了张仪，恨不得食其肉而寝其皮。

两年后，秦王又想同楚国结好，张仪自告奋勇出使楚国。楚怀王一见张仪，大怒道：“正想逮你哩，你倒自己送上门来了。”说完，不容张仪说话，立即将他关了起来，准备斩首。

其实，张仪比谁都多智，此次他敢于来楚国出使，是有着百分之百的把握的。原来，楚怀王的宠臣靳尚早已被张仪收买了。

靳尚听说张仪被关起来，随时有被砍头的危险，便找到楚怀王的宠妃郑袖说：“夫人，你知道大王将要抛弃你了吗？”郑袖说：“为什么？不会吧？”靳尚回答说：“张仪是秦王的功臣，十分受宠。如今，咱们大王将张仪关了起来，马上就要杀头了。秦王听说后，心急如焚，要用爱女来赎张仪。秦王的爱女极其娇艳，陪嫁的也都是二八佳丽，能歌善舞，令人销魂。听说还送给楚国上庸六个县做公主的汤沐邑，外加金玉宝器。大王见了公主和美女，一定喜爱。那时，夫人一定会因为年纪大而被抛弃的。”郑袖一听，吓了一跳，她最怕的就是楚怀王抛弃她。如果那样的话，会被打入冷宫，这一生就全完了。她定了定神，对靳尚说：“你看我该怎么办才好呢？”靳尚故意装作认真思考的样子，半天才说：“我倒有个好主意，叫做釜底抽薪。夫人，你要马上去见大王，劝大王把张仪放了。否则，秦女一到，一切都晚了。

◎战国　兽面纹玉带钩◎

张仪一放，秦女当然就不会来了。”郑袖说：“行，我这就去。”

郑袖急忙去见楚怀王，未言先落泪，惊得楚怀王不知所措，忙问：“爱妃，是谁惹你了，还是有什么不快之事？”郑袖问道：“大王，你为什么要害我母子？”楚怀王被问得如堕五里雾中，不知所云，半天才说：“此话怎讲？”郑袖说：“大王如果杀了张仪，秦军必然兵临城下，我们母子还有活路吗？”楚怀王一想，深觉有理。郑袖是他的心肝宝贝，一刻也离不开。郑袖无论说什么，他没有不照办的。尽管对张仪有深仇大恨，楚怀王还是决定放了他。于是，他对郑袖说：“不要哭了，寡人这就放了张仪。”

楚怀王放了张仪，还用接待上宾之礼接待他，并答应和秦国建交。这样，张仪终于圆满地完成了秦王交给他的使命。

楚臣三策

阅读提示

楚襄王在齐国做人质，脱离虎口是第一位的，其他的事情等自身安全有所凭依时再考虑不迟。所以慎子让楚襄王答应割地的决策是正确的。我们在日常生活中也会碰到这样的难题，这时只能“两害相权取其轻”，先解决第一位的事，其他的事只能徐缓图之。

原文

楚襄王为太子之时，质于齐。怀王薨，太子辞于齐王而归，齐王隘之：“予我东地五百里，乃归子；子不予我，不得归！”太子曰：“臣有傅，请追而问傅。”傅慎子曰：“献之地，所以为身也。爱地不送死父，不义。臣故曰献之便。”太子入，致命齐王曰：“敬献地五百里。”齐王归楚太子。

太子归，即位为王。齐使车五十乘来取东地于楚。楚王告慎子曰：“齐使来求东地，为之奈何？”慎子曰：“王明日朝群臣，皆令其献计。”上柱国子良入见。王曰：“寡人之得求反，王坟墓、复群臣、归社稷也，以东地五百里许齐。齐令使来求地，为之奈何？”子良曰：“王不可不与也。王身出玉声，许强万乘之齐而不与，则不信，后不可以约结诸侯。请与而复攻之。与之，信；攻之，武。臣故曰与之。”

子良出，昭常入见。王曰：“齐使来求东地五百里，为之奈何？”昭常曰：“不可与也。万乘者，以地大为万乘。今去东地五百里，是去战国之半也。有万乘之号，而无千乘之用也，不可。臣故曰勿与。常请守之。”

注释 <<<

①怫然：发怒的样子。
②典：主管。
③缩甲：收兵。

昭常出，景鲤入见。王曰："齐使来求东地五百里，为之奈何？"景鲤曰："不可与也。虽然，楚不能独守。王身出玉声，许万乘之强齐也而不与，负不义于天下；楚亦不能独守，臣请西索救于秦。"

景鲤出，慎子入。王以三大夫计告慎子曰："子良见寡人，曰：'不可不与也，与而复攻之。'常见寡人，曰：'不可与也，常请守之。'鲤见寡人，曰：'不可与也。虽然，楚不能独守也，臣请索救于秦。'寡人谁用于三子之计？"慎子对曰："王皆用之。"王怫然[①]作色，曰："何谓也？"慎子曰："臣请效其说，而王且见其诚然也。王发上柱国子良车五十乘，而北献地五百里于齐；发子良之明日，遣昭常为大司马，令往守东地；遣昭常之明日，遣景鲤车五十乘，西索救于秦。"王曰："善。"乃遣子良北献地于齐；遣子良之明日，立昭常为大司马，使守东地；又遣景鲤西索救于秦。

子良至齐，齐使人以甲受东地。昭常应齐使曰："我典[②]主东地，且与死生，悉五尺至六十，三十余万，弊甲钝兵，愿承下尘。"齐王谓子良曰："大夫来献地，今常守之，何如？"子良曰："臣身受命弊邑之王，是常矫也。王攻之。"齐王大兴兵攻东地，伐昭常。未涉疆，秦以五十万临齐右壤，曰："夫隘楚太子弗出，不仁；又欲夺之东地五百里，不义。其缩甲[③]则可，不然，则愿待战。"齐王恐焉，乃请子良南道楚，西使秦，解齐患。士卒不用，东地复全。

史纪风云

周赧王十六年（公元前299年），秦王以结盟为名，诱骗楚怀王入秦。楚怀王误听小儿子公子兰的建议，到了秦国。秦王见楚怀王中计，便要挟他将楚国的巫郡和黔中郡割让给秦国。楚怀王不答应，被秦王扣留了。

◎战国 小尖首刀◎

楚国大臣闻讯后，一个个都很忧虑，纷纷议论说："现在，大王被秦国扣留，太子又在齐国做人质，如果秦、齐两国来攻，我们就要亡国了。"这时，有人献计说："国不可一日无君，我们就拥立大王的庶子为王吧。"大臣昭雎反对说："不可！此举有背大王之命。为今之计，可派使者到齐国，假报大王已死，迎回太子，即位为王。"大臣听了他的话，都表示同意。

齐王听说楚国太子要回国，便趁机要挟说："要回去可以，但必须割让楚国东部土地五百里给齐国，否则不能回去。"楚太子说："我回去问问我的师傅，然后再给大王答复吧。"齐王说："好吧。"楚太子回去同师傅一讲，师傅毫不犹豫地说："割让土地是为国保身，不献土地无法回国为父亲送终是不义，还是献地为妥。"于是，太子入宫进见齐王说："我愿意献出我国东部土地五百里。"齐王一听大喜，立即放太子回国了。

楚太子回国后，即位为王，即楚襄王。不久，齐国派出使者，随车五十辆，到楚国来索地。楚襄王对师傅说："齐国使者前来索地，我们该如何是好呢？"师傅说："大王可于明日召见群臣，让大家献计。"

次日，上柱国子良第一个上朝，楚襄王问道："寡人之所以能够从齐国归来即位，是因为答应齐王将楚国东方五百里土地割让给齐国。如今齐国使者前来索地了，你看寡人如何是好呢？"子良回答说："大王不可不割地呀，大王一言九鼎，已经答应割给强大的齐国土地了，如果不守信，以后如何结交诸侯呀？请大王给齐国土地，然后再出兵夺回来。给他土地是守信，出兵夺回来是示武。因此，臣认为大王要给齐国土地。"

子良退出后，大臣昭常入见。楚襄王问他说："齐国使者前来索取纵横五百里的土地，寡人该怎么办呢？”昭常回答说：“不能给！楚国所以称万乘之国，就是因为地域大。如果割去五百里，是失掉国土的一半啊。那时，我们空有万乘之名，而没有千里之实了，那怎么行呢？臣因此说不能给齐国土地，臣愿率兵去卫国守土。”

昭常退出后，景鲤入见。楚襄王问他道：“齐国使者前来索地五百里，寡人该怎么办呢？”景鲤回答说：“不能给啊！但我们楚国无力独自守土，请大王让臣到秦国去求援吧。”

◎战国 双龙璜◎

景鲤退出后，楚襄王的师傅进来了。楚襄王同师傅谈了子良、昭常、景鲤的意见，然后问道：“这三人的意见，寡人听谁的呢？”师傅回答说：“大王都要听。”楚襄王怫然作色道：“这是什么话？”师傅说：“请大王听我细说，便明白我说得有理了。大王先让子良带上五十辆车，北上出使齐国去割地。子良走后的第二天，再派昭常带兵出发，去守卫东方的土地。昭常走后第二天，再派景鲤带着五十辆车，到秦国去求援。”楚襄王听了，喜道：“原来是这样，好吧。”

子良到齐国后，表示愿意割地。齐王十分高兴，派齐兵去接收土地。昭常说：“我奉命守卫东土，誓与东土共存亡。在这里，自五尺少年到六十老汉，共有三十多万人。虽是敝甲钝兵，但愿与齐国大军决一死战。”齐兵一见，不敢交锋，只得回国请示齐王。

齐王问子良说：“大夫前来献地，但昭常不肯割地，这是怎么回事，叫我们如何是好？”子良回答说：“臣亲受王命献地，昭常是假传王命守土，大王可以出兵进攻他。”于是，齐王调动大批兵马，进攻楚国东部。

齐军还未到达楚境，秦国五十万大军已开到齐国东境。秦将声称：“齐王阻拦楚太子归国，这是不仁；要强夺楚国东土五百里，这是不义。齐王如果退兵，万事皆休；如果不撤兵，就等着打一场大仗吧。”齐王闻讯，十分恐惧，忙请子良代为南下，向楚国道歉，并派人去秦国，向秦国谢罪。

这样，楚国未发一兵一卒，便保住了东土。

楚策三

南后和郑袖

阅读提示

像张仪这样聪明的人实际上早就掌握了楚怀王的嗜好，所以抛下钓语“王徒不好色耳”，以此打动楚王贪婪的心，使其对张仪有所求；最后又以“实在没有见到过像南后、郑袖般的美人”的话，既满足了楚王的虚荣心，打消了其寻美的念头，又实现了南后、郑袖所要求的结果，没有欺骗，又白得了金钱，这样一个完满的大结局何乐而不为呢？

原文

张仪之楚，贫，舍人怒而归。张仪曰：“子必以衣冠之敝，故欲归。子待我为子见楚王。”当是之时，南后、郑袖贵于楚。

张子见楚王，楚王不说。张子曰：“王无所用臣，臣请北见晋君。”楚王曰：“诺。”张子曰：“王无求于晋国乎？”王曰：“黄金、珠玑[①]、犀象出于楚，寡人无求于晋国。”张子曰：“王徒不好色耳？”王曰：“何也？”张子曰：“彼郑、周之女，粉白墨黑，立于衢闾，非知而见之者，以为神。”楚王曰：“楚，僻陋之国也，未尝见中国之女如此其美也。寡人之独何为不好色也？”乃资之以珠玉。

南后、郑袖闻之，大恐。令人谓张子曰：“妾闻将军之晋国，偶有金千斤，进之左右，以供刍秣。”郑袖亦以金五百斤。张子辞楚王，曰：“天下关闭不通，未知见日也，愿王赐之觞。”王曰：“诺。”乃觞之。张子中饮，再拜而请曰：“非有他人于此也，愿王召所便习[②]而觞之。”王曰：“诺。”乃召南后、郑袖而觞之。张子再拜而

注释

①玑：珠之不圆者。

②便习：左右宠幸亲近之人。

③释：放置。

请曰："仪有死罪于大王。"王曰："何也？"曰："仪行天下遍矣，未尝见人如此其美也。而仪言得美人，是欺王也。"王曰："子释[3]之。吾固以为天下莫若是两人也。"

史纪风云

当初，张仪到楚国时，生活很贫困。他的门人受不了这份苦，要离他而去。张仪劝他说："你一定是因为衣帽破了，所以才想回去。你先等等，我这就去见楚王。"

张仪见了楚王，楚王很不高兴。张仪说："大王用不着臣，请让臣北上去见三晋的国君吧。"楚王说："好，你去吧。"张仪问道："大王对三晋一无所求吗？"楚王说："黄金、珍珠、犀角、象牙都产于楚国，寡人对三晋一无所求。"张仪说："大王只是不好色罢了。"楚王问道："此话怎讲？"张仪说："郑、周一带的姑娘，脸蛋粉白，头发乌黑，站在街头，不知道的还以为是神仙下凡了哩。"楚王说："楚国偏僻，寡人孤陋寡闻，未见过中原女子，不知道她们竟这么美，哪是寡人不好色啊！"于是，楚王用珍珠美玉资助张仪北上，托他访求中原美女。

这时，楚王的王后南后和爱妃郑袖十分得宠。她俩听说此事后，大吃一惊。南后忙派人对张仪说："听说先生要到三晋去，我这里有黄金千斤，就献给先生做盘缠用吧。"郑袖也托人献上五百斤黄金。

张仪平空得了一千五百斤黄金，心中大喜，特来向楚王辞行说："天下各地闭关不通，臣这一去，不知何日才能再见大王，请大王赏杯酒喝吧。"楚王说："好吧。"

饮酒中间，张仪向楚王拜了两拜，请求说："这里又无外人，大王何不请出后妃，也赏她们两杯？"楚王说："行。"便将南后和郑袖召来，也赏了酒。这时，张仪忽然站起来，向楚王拜了两拜说："大王，臣有死罪。"楚王不解地问："你有何死罪啊？"张仪回答说："张仪虽已走遍天下，但从未见过像大王后妃这样美的女人。前几日张仪说郑、周一带能找到美女，岂不是欺骗大王了？"楚王说："可不是，寡人本来就知道天下不会有比她俩更美的女人了。"

南后和郑袖听了张仪和楚王的对话，这才放心了。

成语典故

怫然作色

怫然，愤怒的样子。作色，现出怒色。形容脸上充满怒色。

楚策四 楚王和美人

阅读提示

郑袖是楚王的宠妃，她外表美丽而心如蛇蝎。本文揭露了郑袖的阴险狡诈和凶狠毒辣，也揭露了楚怀王的昏庸好色和腐败无能，形象地揭示了政治斗争的残酷和阴暗，具有很深的意义。

原文

魏王遗楚王美人，楚王说之。夫人郑袖知王之说新人也，甚爱新人。衣服玩好，择其所喜而为之；宫室卧具，择其所善而为之。爱之甚于王。王曰："妇人所以事夫者，色也；而妒者，其情也。今郑袖知寡人之说新人也，其爱之甚于寡人，此孝子之所以事亲，忠臣之所以事君也。"

郑袖知王以己为不妒也，因谓新人曰："王爱子美矣。虽然，恶子之鼻。子为见王，则必掩子鼻。"新人见王，因掩其鼻。王谓郑袖曰："夫新人见寡人，则掩其鼻，何也？"郑袖曰："妾知也。"王曰："虽恶，必言之。"郑袖曰："其似恶闻王之臭也。"王曰："悍[1]哉！"令劓[2]之，无使逆命[3]。

注释 <<<

①悍：凶。意为嚣张妄为。

②劓（yì）：古代割鼻的刑罚。

③逆命：违抗命令。

◎战国中期　勾连云纹豆◎

盛食器，盖的形状即器身的倒置，仅捉手略矮。深腹，下有腹盆状圈足。盖顶饰几何云纹，器身饰勾连云纹，呈雕镂状，深峻清晰。

史纪风云

有一年，魏襄王送给楚怀王一个美人，楚怀王很喜欢她。两人形影不离，如胶似漆。

夫人郑袖见楚王喜欢这个美人，也装作很喜欢的样子。衣服首饰，郑袖挑她喜欢的去制作；宫室卧具，郑袖挑她喜欢的去建造。表面看起来，郑袖对美人的爱超过了楚王。时间一长，楚王感动地说：

“女人是靠色来服事丈夫的，妒嫉是女人的本性。现在，郑袖知道寡人爱新人，她对新人的爱竟胜过寡人。这真比得上孝子事奉双亲，忠臣事奉君王了。”不光是楚王，就是魏国的美人对郑袖也是感激不尽。

郑袖听说楚王以为她不妒嫉，便对美人说：“大王虽然爱你貌美，但讨厌你的鼻子。你以后见到大王时，一定要掩上鼻子。”美人以为郑袖关心她，让她讨好大王，心里更加感激了。从此，她见到楚王时，总是连忙用手掩上鼻子。

楚王发现美人一见到他就掩上鼻子，心里很纳闷，便问郑袖说：“新人一见到寡人就掩上鼻子，这是为什么呢？”郑袖回答说：“贱妾知道……”说到这里，故意不往下说了。楚王着急地说：“快说啊！”郑袖说：“不是贱妾不说，只是说出来太难听了。”楚王催道：“难听也要说！”郑袖装作被逼无奈的样子说：“新人好像讨厌闻大王的气味。”楚王一听，勃然大怒说：“太不像话了。”于是，命人割下了美人的鼻子。美人被割下鼻子之后，不久便被活活地折磨死了。

楚策四

庄辛说楚襄王

阅读提示

本文记录了庄辛论佞臣危国的故事。说辞因小及大，由物到人，环环相加，层层递进，反复讽说，开启了汉赋的先声。文中枚举的人或物的相互联系并不是直接的，但是他们的命运却具有某种程度的同构性，他们都在承受着一种内在的规律的支配，这正是论辩时循序渐进的内在根据。

原文

庄辛谓楚襄王曰："君王左州侯，右夏侯，辇从鄢陵君与寿陵君，专淫逸侈靡，不顾国政，郢都必危矣。"襄王曰："先生老悖[①]乎？将以为楚国祆祥[②]乎？"庄辛曰："臣诚见其必然者也，非敢以为国祆祥也。君王卒幸四子者不衰，楚国必亡矣。臣请辟于赵，淹留以观之。"庄辛去，之赵，留五月，秦果举鄢、郢、巫、上蔡、陈之地。襄王流掩于城阳，于是使人发驺征庄辛于赵。庄辛曰："诺。"庄辛至，襄王曰："寡人不能用先生之言，今事至于此，为之奈何？"

庄辛对曰："臣闻鄙语曰：'见兔而顾犬，未为晚也；亡羊而补牢，未为迟也。'臣闻昔汤、武以百里昌，桀、纣以天下亡。今楚国虽小，绝长续短，犹以数千里，岂特百里哉？王独不见夫蜻蛉[③]乎？六足四翼，飞翔乎天地之间，俯啄蚊虻而食之，仰承甘露而饮之，自以为无患，与人无争也。不知夫五尺童子，方将调饴胶丝，加己乎四仞[④]之上，而下为蝼蚁食也。蜻蛉其小者也，黄雀因是以。俯噣白粒，仰栖茂树，鼓翅奋翼，自以为无患，与人无争也。不知夫公子王孙，左挟弹，右摄丸，将加己乎十仞之上，以其类为招。昼游乎茂树，夕调乎酸咸。倏忽之间，坠于公子之手。

注释 <<<

①悖：乱，惑。

②祆祥：祆，同"妖"。凶险之兆。

③蜻蛉：蜻蜓的别名。

④仞：八尺。

⑤缯缴：带丝绳的箭。

“夫雀其小者也，黄鹄因是以。游于江海，淹乎大沼，俯噣鳝鲤，仰啮蔆衡，奋其六翮，而凌清风，飘摇乎高翔，自以为无患，与人无争也。不知夫射者方将修其苐卢，治其缯缴⑤，将加己乎百仞之上。被礛磻，引微缴，折清风而抎矣。故昼游乎江河，夕调乎鼎鼐。

“夫黄鹄其小者也，蔡圣侯之事因是以。南游乎高陂，北陵乎巫山，饮茹溪之流，食湘波之鱼，左抱幼妾，右拥嬖女，与之驰骋乎高蔡之中，而不以国家为事。不知夫子发方受命乎宣王，系己以朱丝而见之也。

“蔡圣侯之事，其小者也，君王之事因是以。左州侯，右夏侯，辇从鄢陵君与寿陵君，饭封禄之粟，而戴方府之金，与之驰骋乎云梦之中，而不以天下国家为事。不知夫穰侯方受命乎秦王，填黾塞之内，而投己乎黾塞之外。”

襄王闻之，颜色变作，身体战慄。于是乃以执珪而授之为阳陵君，与淮北之地也。

史纪风云

楚襄王即位后，亲近小人，疏远君子，不理朝政。

楚国大臣庄辛是楚庄王的后代，所以以庄为姓。他见了楚襄王的所作所为，不禁忧心如焚。一天，他对楚襄王说：“大王，你左有州侯，右有夏侯，随驾的有鄢陵君和寿陵君，专事淫逸奢侈，不顾国政，郢都必危了。”楚襄王一听，老大不悦说：“先生是不是老糊涂了，怎么满嘴胡说起来？你要做楚国的祸星吗？”庄辛说：“臣并不敢妖言惑众。大王如果继续宠信这四个人，楚国必亡。请大王让臣到赵国去，以观后果如何？”楚王说：“去吧，我不想再见到你了。”庄辛到赵国才五个月，秦军就攻下了楚国的鄢陵、郢都、巫郡、上蔡、陈等地。

楚襄王逃到城阳，特地派人到赵国请回庄辛，对庄辛说：“寡人不信先生之言，果有今日之祸，先生看如何是好啊？”

庄辛回答说：“大王，常言道：‘见兔而顾犬，未为晚也；亡羊而补牢，未为迟也。’当年，商汤、周武以百里之地兴国，夏桀、商纣以天下之大亡国。如今楚国虽小，截长补短，仍有数千里，何止百里呀？”

楚王说：“寡人真是后悔莫及啊！”庄辛说：“是啊！大王不见蜻蜓吗？蜻蜓六足四翼，飞翔于天地之间，俯啄蚊虻，仰饮甘露，自以为无忧无虑、与人无争，却不知道五尺高的童子，已准备好了粘网，很快就将它粘下来，成了蝼蚁口中的美食。

“蜻蜓是小的，黄雀也是如此。黄雀俯食谷粒，上栖茂树，鼓翅振翼，自以为无患，与人无争。却不知公子王孙，左手持弹弓，右手持弹丸，一下子将它从空中打了下来。黄雀早晨游于茂树，晚间成了席上佳肴，转眼之间命丧于公子之手。

“黄雀是小的，天鹅也是如此。天鹅游于江海，栖于大沼。俯吞鳝鲤，仰食水草。张开巨翅，驾清风而高飞，自以为无患，与人无争。却不知猎人手持弓箭，一发而中，将其射落。天鹅朝游江海之上，夕烹于鼎鼐之中。

“天鹅是小的，蔡国国君也是如此。他南游高陂，北上巫山，饮茹溪之水，食湘江之鱼。左抱姬妾，右拥美女，驰骋于高蔡之中，不把国家当回事。却不知子发已接受楚宣王之命，正要用朱丝来捆他哩。

“蔡国国君的事是小的，大王的事也是这样，你左有州侯，右有夏侯，随驾的有鄢陵君和寿陵君，吃的是贡米，载的是岁金，驰骋于云梦之中，不把国家当回事。却不知穰侯魏冉正受秦王之命，将大王逐出郢都。”

楚襄王听了，脸色大变，浑身战栗。于是，他以执珪的爵位封庄辛为阳陵君，并将淮北之地赐给他。

◎战国后期 镶嵌云纹壶◎
容酒器，有盖，宽颈，狭肩，鼓腹，圈足。盖上有三钮，形如伏鸟。

成语典故

亡羊补牢

丢失了羊，赶快修补羊圈。比喻事情出了差错，及时设法补救，就可以避免再出功能更大的损失。

王孙公子

旧指帝王的子孙，贵族的后代。

楚策四 不死之药

阅读提示

不死之药其实并不存在，可是楚王却相信了它。这个故事意在说明“中射之士”的善辩，但它却在客观上揭露了楚王的昏庸愚昧。二人之间，形成了鲜明的对比。

原文

有献不死之药于荆王者，谒者[1]操以入。中射之士[2]问曰：“可食乎？”曰：“可。”因夺而食之。王怒，使人杀中射之士。中射之士使人说王曰：“臣问谒者，谒者曰可食，臣故食之。是臣无罪而罪在谒者也。且客献不死之药，臣食之而王杀臣，是死药也。王杀无罪之臣，而明人之欺王。”王乃不杀。

注释 <<<

①谒者：掌宾客、受事、传达之官。

②中射之士：宫中的侍卫官。

史纪风云

有一天，楚王上朝，正在议政时，侍卫报告说：“大王，宫门外有个人要向大王进献不死之药！”楚王一听，心中大喜。对他来说，钱财、地位、美女全有了，只是不能长生，这是他的憾事。如今有人进献不死之药，岂不就可以长生了吗？他丢下手中正在处理的国家大事，喊道：“快去接药！”

谒者领命，匆匆走出大殿，从来人手中接过不死之药，回身向大殿走去。谒者刚刚走近殿门时，侍卫官上前问道：“大人，你手中拿的是什么啊？”谒者回答说：“这是献给大王的不死之药。”侍卫官又问：“可以吃吗？”谒者说：“当然可以了。”侍卫官装出好奇的样子说：“给我看看可以吗？”谒者正在犹豫之时，侍卫官一把从谒者手中夺下不死之药，放在口中吞下去了。

谒者飞快地跑上大殿，叩头说：“臣有死罪！”楚王不解地问：

“何罪之有？”谒者回答说：“臣拿着不死之药上殿时，被侍卫官夺去吃掉了。”楚王一听，勃然大怒，下令说：“快将这贼拿下，推出去斩首！”

侍卫得令，一起冲了上去，拥着侍卫官就走。侍卫官连叫冤枉，楚王对身边的大臣说：“爱卿，你去问问他，有何冤枉？”这个大臣下殿，来问侍卫官。侍卫官托大臣上奏楚王说：“臣问谒者可不可以吃，他说可以吃，臣就吃了。因此，臣无罪，是谒者有罪。何况，客人献的是‘不死之药’，臣吃了，如果大王杀了臣，就是‘死药’了。如果大王杀了臣，岂不是说有人欺骗大王献假药了吗？”

楚王听了，反复细想，为了维护面子，便没有杀侍卫官。

楚策四 更羸射雁

阅读提示

春申君想让临武君领兵攻敌。魏加劝春申君说，临武君是秦国的手下败将，不能担当重任，并用了“惊弓之鸟”作比喻。春申君依然坚持自己的意见，结果楚国大败，以后的处境更加艰难。事实证明，魏加的预测是正确的。

原文

天下合从，赵使魏加见楚春申君，曰：“君有将乎？”春申君曰：“有矣，仆欲将临武君。”魏加曰：“臣少之时好射，臣愿以射譬之，可乎？”春申君曰：“可。”加曰：“异日者，更羸[1]与魏王处京台之下，仰见飞鸟。更羸谓魏王曰：‘臣为王引弓虚发而下鸟。’魏王曰：‘然则射可至此乎？’更羸曰：‘可。’有间，雁从东方来，更羸以虚发而下之。魏王曰：‘然则射可至此乎？’更羸曰：‘此孽[2]也。’王曰：‘先生何以知之？’对曰：‘其飞徐而鸣悲。飞徐者，故疮痛也；鸣悲者，久失群也。故疮未息而惊心未至也。闻弦音，引而高飞，故疮陨也。’今临武君尝为秦孽，不可为拒秦之将也。”

注释

①更羸：人名。

②孽：病。

◎战国　曲头铜斤◎

史纪风云

秦王政六年（公元前241年），东方六国诸侯联合起来共同伐秦，推楚考烈王为盟主，由春申君主事。

赵国使者魏加问春申君说：“大人，大战在即，选好将军了吗？”春申君回答说：“选好了，我想让临武君做大将。”魏加一听，大失所望，想要劝止，又怕春申君不听，便说：“臣年少时喜欢射箭，请让臣用射箭打个比方，可以吗？”春申君说：“可以啊。”魏加说：“一天，神箭手更嬴和魏王在高台上远眺，抬头见空中有飞鸟在飞。更嬴对魏王说：‘臣不用箭，虚发一弓，就能为大王射下一只鸟。’魏王惊问：‘射技可以达到这种地步吗？’更嬴回答说：‘当然能了。’不多时，一只大雁从东方飞来，更嬴虚发一箭，就把它射下来了。大雁落在台前，只扑腾了两下，便一动不动了。魏王见了，十分惊讶，左右的人也齐声喝彩。更嬴放下弓，只是不在意地笑了笑。魏王问道：‘射技真能达到这种地步吗？’更嬴回答说：‘其实，这没什么，不是我的技艺高，而是大雁不行了。这是一只病雁。’魏王问道：‘你怎么知道呢？’更嬴说：‘这只雁飞得很慢，而且鸣声悲哀。飞得慢是因为旧伤疼痛，鸣声悲哀是因为失群已经很久了。这只大雁旧伤未愈而惊心不已，一听到弓弦声便吓得向高处飞，终因用力过度，伤口崩裂而掉下来了。这哪里是我射的呀，分明是吓的嘛。’临武君曾是秦军的手下败将，受过秦军重创，万不可做抗秦的大将。否则，他将会像受过伤的大雁一样，见了秦军就败下阵来的。”春申君听了，便打消了起用临武君为抗秦大将的念头。

◎战国 舞人佩◎

历代名家点评

左思《魏都赋》：控弦简发，妙拟更嬴。

成语典故

惊弓之鸟

受过箭伤而听到弓声就惊慌的鸟。比喻受过惊骇而心有余悸的人。

楚策四 春申君之死

阅读提示

在古代人治的社会中，如果与王室能沾上血缘关系，那么权力地位肯定会非常地显赫尊崇。奸臣手段，何其毒也，但最毒的莫过于这个任人唯亲的人治制度。有人治而无法治，只知私人关系而没有科学公正的选拔、任用制度，那么类似李园、吕不韦这种大奸大恶肯定会不断涌现，大行其道。

原文

楚考烈王无子，春申君患之，求妇人宜子者进之，甚众，卒无子。赵人李园持其女弟，欲进之楚王，闻其不宜子，恐又无宠。李园求事春申君为舍人，已而谒归，故失期。还谒，春申君问状。对曰："齐王遣使求臣女弟，与其使者饮，故失期。"春申君曰："聘入乎？"对曰："未也。"春申君曰："可得见乎？"曰："可。"于是园乃进其女弟，即幸于春申君。知其有身，园乃与其女弟谋。

园女弟承间说春申君曰："楚王之贵幸君，虽兄弟不如。今君相楚王二十余年，而王无子，即[1]百岁后将更立兄弟。即楚王更立，彼亦各贵其故所亲，君又安得长有宠乎？非徒然也？君用事久，多失礼于王兄弟，兄弟诚立，祸且及身，奈何以保相印、江东之封乎？今妾自知有身矣，而人莫知。妾之幸君未久，诚以君之重而进妾于楚王，王必幸妾。妾赖天而有男，则是君之子为王也，楚国封尽可得，孰与其临不测之罪乎？"春申君大然之。乃出园女弟谨舍[2]，而言之楚王。楚王召入，幸之。遂生子男，立为太子，以李园女弟立为王后。楚王贵李园，李园用事。

注释 <<<

①即：则。

②谨舍：戒备严密的馆舍。

③不即：否则。即，则。

④剸（chōng）：刺。

李园既入其女弟为王后，子为太子，恐春申君语泄而益骄，阴养死士，欲杀春申君以灭口，而国人颇有知之者。

春申君相楚二十五年，考烈王病。朱英谓春申君曰："世有无妄之福，又有无妄之祸。今君处无妄之世，以事无妄之主，安不有无妄之人乎？"春申君曰："何谓无妄之福？"曰："君相楚二十馀年矣，虽名为相国，实楚王也。五子皆相诸侯。今王疾甚，旦暮且崩，太子衰弱，疾而不起，而君相少主，因而代立当国，如伊尹、周公，王长而反政。不即[③]，遂南面称孤，因而有楚国。此所谓无妄之福也。"春申君曰："何谓无妄之祸？"曰："李园不治国，王之舅也；不为兵将，而阴养死士之日久矣。楚王崩，李园必先入，据本议制断君命，秉权而杀君以灭口。此所谓无妄之祸也。"春申君曰："何谓无妄之人？"曰："君先仕臣为郎中，君王崩，李园先入，臣请为君剸[④]其胸，杀之。此所谓无妄之人也。"春申君曰："先生置之，勿复言已。李园，软弱人也，仆又善之，又何至此？"朱英恐，乃亡去。

后十七日，楚考烈王崩，李园果先入，置死士止于棘门之内。春申君后入，止棘门。园死士夹刺春申君，斩其头，投之棘门外，于是使吏尽灭春申君之家。而李园女弟初幸春申君有身，而入之王所生子者，遂立为楚幽王也。

是岁，秦始皇立九年矣，嫪毐亦为乱于秦。觉，夷三族，而吕不韦废。

 史纪风云

黄歇是楚国人，曾游学各地，博学多闻。楚顷襄王时，黄歇在朝中担任左徒的官职，后来做了太子熊完的师傅。不久，太子到秦国做人质，黄歇奉命随往，在秦国陪伴太子。周赧王五十二年（公元前263年），楚顷襄王病重，秦昭襄王不许太子回国。

黄歇听说后，对秦相范雎说："相国，一旦楚王去世，太子便将即位为楚王的。如果现在秦王放太子回国，太子即位后，必然与秦国

友好。否则楚国另立太子，是不会感激秦王的。而这边留着一个失掉太子身份的质子，又有什么用呢？”范雎将黄歇的这些话转告给秦昭襄王，秦昭襄王仍然不肯放太子回国。

黄歇眉头一皱，计上心来，让太子换上楚国使者马夫的服装逃回楚国。

太子走后，黄歇留守太子客馆，谎称太子因病谢客。秦昭襄王发现后，勃然大怒，要杀黄歇。经范雎再三劝说，秦昭襄王才将黄歇放回楚国。

太子回国后不久，顷襄王去世，太子即位，史称楚考烈王。楚考烈王全靠黄歇才回国当上楚王，为了感激黄歇的救驾之功，特地任命黄歇为令尹，封为春申君，赐给他淮北十二个县。从此，黄歇富贵已极。

楚考烈王即位后，一直没有儿子。古时，君主失嗣是一大忌，江山行将不稳。为此，春申君十分担忧，便到处寻找能生儿子的女子送入后宫侍寝。但是，虽然找了很多女子，楚考烈王仍然没有生下儿子。

这时，赵国人李园带着妹妹来到楚国，想把妹妹进献给楚考烈王。李园听说楚考烈王不能生育，怕妹妹得宠后却误了终身，只得作罢。李园另打主意，求见春申君，做了一名舍人。一天，李园故意请假回家，又故意逾期才回来。春申君问道：“为何过期才回来啊？”李园说：“齐王派使者来，想要娶小人的妹妹。小人和齐国使者一同饮酒，所以回来晚了。”春申君问道：“齐国使者聘定你妹妹了吗？”李园回答说：“没有聘定。”春申君说：“我可以见见你妹妹吗？”李园说：“大人要见，当然可以了。”

第二天，李园带妹妹来见春申君。春申君见他妹妹艳如桃花，一眼就看中了。于是，李园见风使舵，瞄准了机会，将妹妹献给了春申君。春申君收下李园的妹妹，两人感情很好，如胶似漆，一刻也离不开了。春申君见李园为人聪明，十分知趣，对他极为信任。

不久，李园听说妹妹怀孕了，便同妹妹定下了攀龙之计。妹妹初时不肯，经李园一再诱劝，终于答应下来。

这天晚上，李园的妹妹对春申君说：“大王对你宠爱有加，即使亲兄弟也赶不上。如今你做楚国令尹已经二十多年了，而大王又无儿子，百年之后，必然立兄弟为王。新王一立，一定要宠幸他自己的人，你又怎能长保富贵呢？再说，你掌权已久，对大王的兄弟难免有失礼之处。新王一立，他们有了靠山，必然报复。那时，你将有杀身之祸，如何保得住相印和淮北封地啊？我们已是夫妻，为你着想，我们不如做一件大事，你看如何？”春申君问道：“什么大事啊？”李园的妹妹说：“如今妾身已经怀孕了，但谁也不知道。如果你把妾献给楚王，一旦生下儿子，你的儿子岂不就是将来的楚王吗？到

※知识链接※

战国“四君子”之一的春申君，姓黄名歇，是黄国贵族的后裔，以礼贤下士、门客众多而著称。黄歇学识渊博，善于辞令，而且他遇事临危不惧，处变不惊的大臣风范，为太子熊完的继位以及他日后的赫然崛起打下了坚实的政治基础。

那时，楚国就都是你的了，岂不比坐等不测之祸要强？”春申君听了，深觉有理，认为这个买卖倒挺合适，只是又有些舍不得李园的妹妹。但细一想，舍不得孩子套不住狼，便狠了狠心，将李园的妹妹献给了楚考烈王。

十月怀胎期满，李园的妹妹真的生了个儿子。楚考烈王大喜，将儿子立为太子，他母亲也被立为王后。

李园见妹妹做了王后，外甥立为太子，庆幸密计得逞，着实高兴了一阵子，但不久又乐极生悲了。他想：“万一春申君将此事泄露出去，岂不前功尽弃了！此事只有他一人知道，不如杀人灭口。”于是，他暗养死士，准备在适当的时候动手。这件事，被春申君的家臣朱英知道了。

秦王政九年（公元前238年），楚考烈王病重。朱英对春申君说：“大人，世上有无妄之福，又有无妄之祸。如今大人处于无妄之世，服事着无妄之主，怎知没有无妄之人呢？”春申君问道：“什么是无妄之福啊？”朱英回答说：“大人担任楚相已经二十五年了，虽名为楚相，实际上就是楚王啊。如今大王病危，早晚驾崩，太子年幼。大王归天后，大人辅佐少主，正如伊尹、周公一样。否则，面南称孤，楚国就是大人的了。这不就是无妄之福吗？”春申君又问：“什么是无妄之祸呢？”朱英答道：“李园虽然不理朝政，但却是新王的舅舅；他虽不是将军，却暗中养了死士。大王驾崩后，李园一定抢先入宫，假传王命，杀大人灭口的。这就是无妄之祸啊！”春申君又问：“什么是无妄之人呢？”朱英回答说：“大人可事先让我进宫担任负责侍卫的郎中，一旦李园抢先入宫，我便刺杀他。我就是所说的无妄之人啊。”春申君听了，笑了笑说：“算了吧，先生！不要再说了。李园是个软弱的人，十分忠诚。我待他又好，他怎会害我呢？”春申君不肯听朱英的话。朱英退下后，越想越害怕，便逃离楚国了。

十七天后，楚考烈王病逝，李园果然抢先入宫，将死士埋伏在宫门内。春申君随后赶到，死士一拥而上，将他刺死，砍下他的头，丢在宫门外。接着，李园又派官吏杀了春申君的全家。

太子即位，史称楚幽王。李园掌握了楚国大权，他妹妹成了王太后。

春申君英雄一世，却被小人李园玩弄于手掌之中，落得这样的下场，成了断头之鬼。

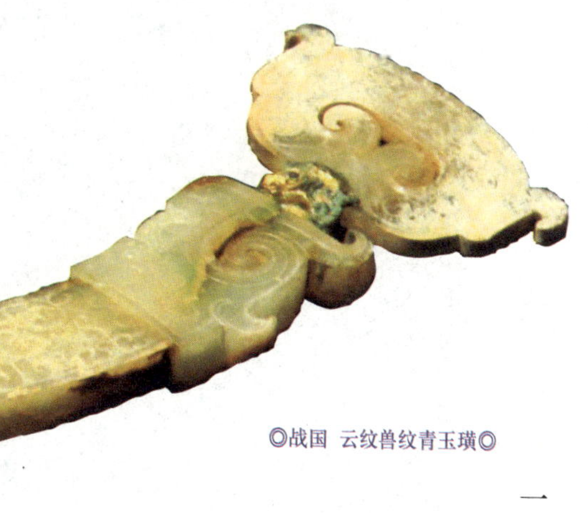

◎战国　云纹兽纹青玉璜◎

智氏之灭

赵策一

阅读提示

本文讲述了赵襄子为了反抗智伯索地的无理要求，而坚守晋阳三年，并最终联合韩、魏共同消灭智伯的故事。文中揭示了智伯惨败的原因，即贪婪而又刚愎自用。

原文

知[①]伯帅赵、韩、魏而伐范、中行氏，灭之。休数年，使人请地于韩。韩康子欲勿与，段规谏曰："不可。夫知伯之为人也，好利而鸷复[②]。来请地不与，必加兵于韩矣。君其与之。与之，彼狃[③]，又将请地于他国。他国不听，必乡之以兵。然则韩可以免于患难而待事之变。"康子曰："善。"使使者致万家之邑一于知伯。知伯说，又使人请地于魏。魏宣子欲勿与，赵葭谏曰："彼请地于韩，韩与之。请地于魏，魏弗与，则是魏内自强，而外怒知伯也。然则其错兵于魏必矣！不如与之。"宣子曰："诺。"因使人致万家之邑一于知伯。知伯说，又使人之赵，请蔡、皋狼之地。赵襄子弗与。知伯因阴结[④]韩、魏，将以伐赵。

赵襄子召张孟谈而告之曰："夫知伯之为人，阳亲而阴疏，三使韩、魏而寡人弗与[⑤]焉，其移兵寡人必矣。今吾安居而可？"张孟谈曰："夫董阏安于，简主之才臣也，世治晋阳；而尹泽循之，其余政教犹存，君其定居晋阳。"君曰："诺。"乃使延陵王将车骑先之晋阳，君因从之。至，行[⑥]城郭，案府库，视仓廪，召张孟谈曰："吾城郭之完，府库足用，仓廪实矣，无矢奈何？"张孟谈曰："臣闻董子之治晋阳也，公宫之垣，皆以狄蒿苫楚廧之，其高至丈余，君发而用之。"于是发而试之，其坚则箘簬之劲不

注释 <<<

①：知：通"智"。
②鸷（zhì）复（bì）：残忍凶狠。
③狃(niǔ)：习以为常。
④阴结：暗中勾结。
⑤与(yù)：结交。
⑥行：巡视。
⑦舒：展开，拉开。

能过也。君曰："足矣，吾铜少，若何？"张孟谈曰："臣闻董子之治晋阳也，公宫之室，皆以炼铜为柱质，请发而用之，则有余铜矣。"君曰："善。"号令以定，备守以具。

三国之兵乘晋阳城，遂战，三月不能拔，因舒[7]军而围之，决晋水而灌之。围晋阳三年，城中巢居而处，悬釜而炊，财食将尽，士卒病羸。襄子谓张孟谈曰："粮食匮，城力尽，士大夫病，吾不能守矣，欲以城下，何如？"张孟谈曰："臣闻之，亡不能存，危不能安，则无为贵知士也。君释此计，勿复言也。臣请见韩、魏之君。"襄子曰："诺。"

◎战国后期 铸客缶◎

张孟谈于是阴见韩、魏之君曰："臣闻唇亡则齿寒，今知伯帅二国之君伐赵，赵将亡矣，亡则二君为之次矣。"二君曰："我知其然。夫知伯为人也，粗中而少亲。我谋未遂而知，则其祸必至，为之奈何？"张孟谈曰："谋出二君之口，入臣之耳，人莫之知也。"二君即与张孟谈阴约三军，与之期日。夜，遣入晋阳。张孟谈以报襄子，襄子再拜之。

张孟谈因朝知伯而出，遇知过辕门之外。知过入见知伯曰："二主殆将有变。"君曰："何如？"对曰："臣遇张孟谈于辕门之外，其志矜，其行高。"知伯曰："不然。吾与二主约谨矣，破赵，三分其地，寡人所亲之，必不欺也。子释之，勿出于口！"知过出，见二主，入说知伯曰："二主色动而意变，必背君，不如令杀之。"知伯曰："兵箸晋阳三年矣，旦暮当拔之而飨其利，乃有他心？不可，子慎勿复言。"知过曰："不杀则遂亲之。"知伯曰："亲之奈何？"知过曰："魏宣子之谋臣曰赵葭，韩康子之谋臣曰段规，是皆能移其君之计。君其与二君约，破赵则封二子者各万家之县一。如是则二主之心可不变，而君得其所欲矣。"知伯曰："破赵而三分其地，又封二子者各万家之县一，则吾所得者少，不可。"知过见君之不用也，言之不听，出，更其姓为辅氏，遂去不见。

张孟谈闻之，入见襄子曰："臣遇知过于辕门之外，其视有疑臣之心，入见知伯，出更其姓。今暮不击，必后之矣。"襄子曰："诺。"使张孟谈见韩、魏之君，曰："夜期杀守堤之吏，而决水灌知伯军。"知伯军救水而乱，韩、魏翼而击之，襄子将卒犯其前，大败知伯军而禽知伯。

知伯身死、国亡、地分，为天下笑，此贪欲无厌也。夫不听知过，亦所以亡也。知氏尽灭，唯辅氏存焉。

史纪风云

晋出公在位时，晋国政权落在六个大夫手里。这六个大夫分别是智氏、赵氏、魏氏、韩氏、范氏和中行氏。

周贞定王十一年（公元前458年），智伯率领赵氏、魏氏、韩氏三家灭了范氏和中行氏，瓜分了他们的土地。

过了几年，智伯想独吞晋国，派人向韩氏要地。韩康子不想给，他的谋臣段规说："不给可不行。智伯为人贪婪好利，残忍凶狠，如果不给他土地，他会发兵来攻我们的。大人还是给他土地吧。给他土地后，他会习以为常，再向别人要地的。别人不给他，他必然发兵进攻。那时，我们便可以免遭进攻，坐等时局的变化了。"韩康子说："好吧。"说完，派使者送给智伯一个有万户人家的城邑。

智伯不费一兵一卒，便得到了一座城邑，心里十分高兴，又派人向魏氏要地。魏桓子不想给，他的谋臣赵葭说："智伯向韩氏要地，韩氏已经给他了。如今向我们要地，如果我们不给，是我们自以为强大，会激怒智伯，他会来进攻我们的。依臣之见，不如给他地。"魏桓子说："那好吧。"于是，派人将一座有万户人家的城邑送给了智伯。

智伯得了土地，十分高兴，又派人向赵氏索求蔺和皋狼两地，赵襄子不给。智伯便暗中勾结韩氏和魏氏，要进攻赵氏。

赵襄子召见谋臣张孟谈说："智伯多次派使者去韩氏和魏氏那里，却不与我结交，一定

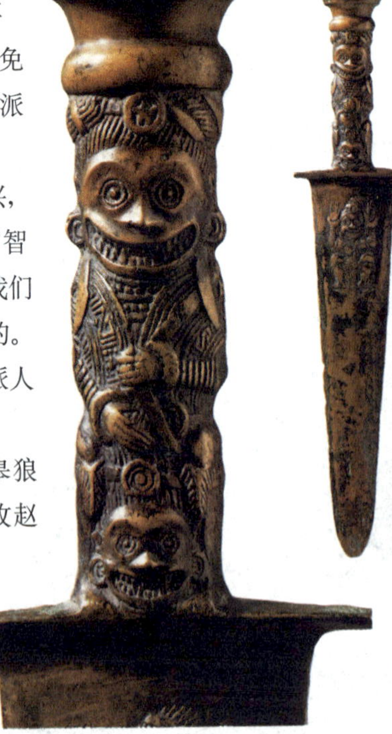

◎战国 猎首纹铜剑◎
此剑一字形剑格，鼓形剑首，剑柄及刃近格处饰浮雕人物，图像反映了古滇人猎头习俗。

是要进攻我了。你看我退到哪里去好呢？”张孟谈回答说：“大人，董安于是先君的能臣，世代治理晋阳。尹泽接任后，继续推行董安于的政教。依臣之见，大人还是到晋阳去吧。”赵襄子说：“好吧。”于是，便让家臣延陵生率兵车战骑先去晋阳。随后，他自己也到晋阳去了。

◎战国 钱币◎

赵襄子到晋阳后，巡视了里城和外城，清点了府库，检查了粮仓，然后召张孟谈说：“城墙是坚固的，府库中的钱也够用，粮仓是满的，但是没有足够的箭，你看该怎么办呢？”张孟谈回答说：“臣听说董安于治理晋阳、给主公建造宫室时，宫墙是用荻蒿楛荆制成的，高达一丈多。这些东西都可做箭杆，大人可将墙拆了做箭啊。”于是，赵襄子命人将墙拆了，用墙里的荻蒿楛荆制成箭杆，其坚硬程度胜过竹子。

箭杆的原料解决了，但没有做箭镞用的铜。赵襄子问张孟谈说：“缺少做箭镞的铜，怎么办啊？”张孟谈说：“听说董安于治理晋阳时，大人宫中的柱基都是用铜做的，请大人将柱基挖出来铸箭镞吧。”赵襄子说：“好吧。”

城中铸好了御敌的箭，壮士们都登上了城墙。百姓也都动员起来，协助士兵守城。不久，智伯带着韩氏、魏氏来到晋阳城下，三家士兵将城团团围住，战鼓一响，大军向城上冲去。还未等他们爬上城头，只见城上万箭齐发，三家士兵纷纷中箭跌了下来。

三家士兵攻了三个月，晋阳城岿然不动。智伯见状，命士兵后退数里，掘开晋水，用晋水淹城。顿时，城中变成一片泽国，人们只好在树上筑巢而居，将锅吊起来做饭。渐渐地，粮食快吃光了。军民吃不饱，好多人都病倒了。

这天，智伯的谋臣郄疵对智伯说：“大人，韩、魏两家必反。”智伯问道：“你怎么知道的？”郄疵回答说：“我是根据大局分析的。试想，赵氏灭亡之后，下一个攻击目标不就是韩、魏了吗？我们三家本来约好赵氏灭亡之后三分其地，现在晋阳城只剩下三板就淹没了，城中家家灶坑里都生满了青蛙，饿得人杀马充当食物。谁都知道晋阳守军投降是指日可待的事了，而韩康子和魏桓子却面有忧色，这不是要反，是什么？”

第二天，智伯将郄疵的话告诉了韩康子和魏桓子：“郄疵说你们俩要反了。”两人忙说：“怎么会呢？眼看城要破了，我们再笨，也不能放弃快要到手的土地而背约啊。这一定是郄疵为赵襄子打算，让你怀疑我们，好放松对晋阳的进攻。如今，你相信小人之言，而不顾我们的交情，真令人惋惜。”两人说完，快步走出去了。

郄疵入见智伯说：“大人为何将我的话告诉韩康子和魏桓子？”智伯问道：“你怎么知道的？”郄疵说：“他俩在外面遇见我时，审视了我一下，便慌慌张张地走了。”智伯说：“不要多心，他们还等着平分赵氏的土地哩。”智伯不听郄疵之言，郄疵为了避祸，请智伯让他出使齐国，智伯答应了。

这时，赵襄子对张孟谈说：“粮食已经吃光，军民筋疲力尽，士大夫都已病倒，我不能守下去了。你看，我们投降如何？”张孟谈说：“国亡而不能存，民危而不能安，要我们谋士何用？大人快丢掉这种想法，不要再提了。请让我去见韩康子和魏桓子，我自有办法。”赵襄子说：“好，去吧。”

张孟谈偷偷地去见韩康子和魏桓子，对他俩说：“常言道：‘唇亡齿寒。’如今智伯带你们进攻赵氏，如果赵氏灭亡了，接着便是韩氏和魏氏了。”韩康子和魏桓子说：“这个我们也知道，但智伯为人残暴，毫无仁爱之心，如果计谋泄露了，我们就要大祸临头了。”张孟谈说：“计出你们二人之口，只入我一人之耳，别人是不会知道的。”于是，韩康子和魏桓子约好了联兵消灭智伯的日期。

入夜，韩康子和魏桓子把张孟谈送回晋阳。进城后，张孟谈向赵襄子报告联兵之事，赵襄子向张孟谈拜了两拜。

接着，张孟谈作为赵襄子的使臣，去见智伯，和

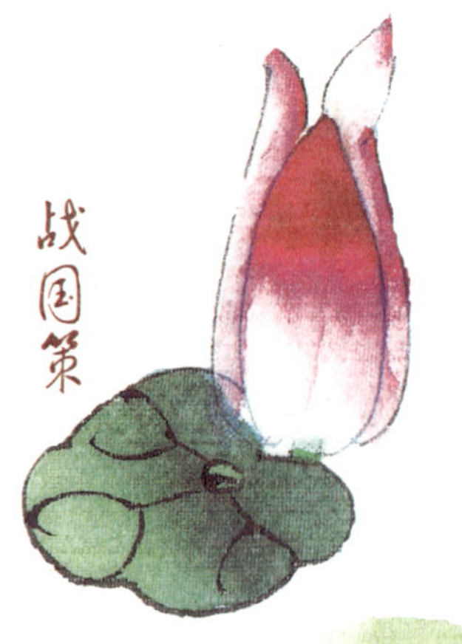

他讨价还价，交涉投降的事，其实是为了麻痹他。事毕，出来时，碰见了智伯的族人智过。张孟谈走后，智过入见智伯说："我看韩康子和魏桓子恐怕要反。"智伯问道："为什么？"智过说："刚才我在辕门外遇见张孟谈，见他趾高气扬，志在必胜的样子，一定是暗中和韩、魏两家联系上了。"智伯说："不会的。我已经和韩、魏两家约好，灭赵后三分其地，他们不会欺骗我的。以后，你可不要再说这样的话了。"

◎战国 缶◎

智过出帐，遇到了韩康子和魏桓子。凭着他那敏锐的目光，知道事情有变，马上又进帐对智伯说："不是我多心，刚才我遇到韩康子和魏桓子了。他俩一见我，脸色都变了，一定会背叛你的，不如让人杀了他们。"智伯说："我们三家围赵已经三年了，晋阳旦夕可下，便可三分其地。他们怎能放弃就要到手的利益而有他心呢？你要注意些，不要再瞎说了。"智过说："如果不杀他们，得和他们更亲近些。"智伯问道："如何亲近呢？"智过说："韩康子的谋臣段规和魏桓子的谋臣赵葭都有能力改变他们主子的决定。你应该和这两个人约好，破赵后一个人封给他一个有万户人家的县。这样，韩、魏两家就不会变心，你也就能够顺利地破赵了。"智伯说："破赵本来就要三分其地，如果再分给他们两个县，那我所得的也太少了，这不行。"智过见智伯不听他的，为了免祸，改姓辅氏，离开智伯，再也不见他了。

张孟谈听说此事后，对赵襄子说："臣曾在智伯的辕门外遇见智过，看他那样子，已经起疑心了。如今他入见智伯后，出来便改了姓，这里一定有问题。如果今天晚上我们不出击，就会错过机会了。"赵襄子说："好吧。"说完，派张孟谈去见韩康子和魏桓子，约好以天黑为期，杀掉智伯的守堤士兵，决水倒灌智伯大营。

夜里，大水冲进智伯大营，营中大乱，韩、魏两军从左右冲了上来，赵襄子的大军从营门冲了进去。智军大败，智伯被擒。

结果，智伯身死族灭，土地被分，被天下人所耻笑。贪欲无穷，是他灭亡的原因。不听智过之言，也是灭亡的原因之一。智氏灭族后，只剩下辅氏一脉。智过有先见之明，因改姓辅而免受株连。

历代名家点评

司马光：才有余而德不足。

成语典故

唇亡齿寒

嘴唇没了，牙齿就会觉得寒冷。比喻两者相互依存，利害相关。

赵策一 士为知己者死

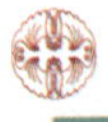

阅读提示

这个故事讲述了豫让刺杀赵襄子的过程。作者以传神的笔触，使所写人物栩栩如生。豫让漆身为癞，吞炭变哑，能忍人之所不能忍，表现了“士为知己者死”的决心。这样的描写，细致入微，感人至深。

原文

晋毕阳之孙豫让，始事范、中行氏而不说，去而就知伯，知伯宠之。及三晋分知氏，赵襄子最怨知伯，而将其头以为饮器。豫让遁逃山中，曰：“嗟乎！士为知己者死，女为悦己者容。吾其报知氏之仇矣。”乃变姓名，为刑人，入宫涂厕，欲以刺襄子。襄子如厕，心动，执问涂者，则豫让也。刃其扞，曰：“欲为知伯报仇！”左右欲杀之。襄子曰：“彼义士也，吾谨避之耳。且知伯已死，无后，而其臣至为报仇，此天下之贤人也。”卒释之。豫让又漆身为厉，灭须去眉，自刑以变其容，为乞人而往乞。其妻不识，曰：“状貌不似吾夫，其音何类吾夫之甚也。”又吞炭为哑以变其音。其友谓之曰：“子之道甚难而无功，谓子有志则然矣，谓子智则否。以子之才而善事襄子，襄子必近幸子，子之得近而行所欲，此甚易而功必成。”豫让乃笑而应之曰：“是为先知报后知，为故君贼[①]新君，大乱君臣之义者无此[②]矣。凡吾所谓为此者，以明君臣之义，非从易也。且夫委质而事人，而求弑之，是怀二心以事君也。吾所为难，亦将以愧天下后世人臣怀二心者。”

居顷之，襄子当出，豫让伏所当过桥下。襄子至桥而马惊。襄子曰：“此必豫让也。”使人问之，果豫让。于是

注释 <<<

①贼：杀害。

②无此：无如此，没有这样的。

③数（shǔ）：责备。

④爱：吝惜，舍不得。

⑤腹心：内心的愿望。

赵襄子面数[3]豫让曰："子不尝事范、中行氏乎？知伯灭范、中行氏，而子不为报仇，反委质事知伯。知伯已死，子独何为报仇之深也？"豫让曰："臣事范、中行氏，范、中行氏以众人遇臣，臣故众人报之；知伯以国士遇臣，臣故国士报之。"襄子乃喟然叹泣曰："嗟乎，豫子！豫子之为知伯，名既成矣，寡人舍子，亦以足矣。子自为计，寡人不舍子。"使兵环之。豫让曰："臣闻明主不掩人之义，忠臣不爱[4]死以成名。君前已宽舍臣，天下莫不称君之贤。今日之事，臣故伏诛，然愿请君之衣而击之，焉死不恨。非所望也，敢布腹心[5]。"于是襄子义之，乃使使者持衣与豫让。豫让拔剑三跃，呼天击之，曰："而可以报知伯矣。"遂伏剑而死。死之日，赵国之士闻之，皆为涕泣。

 史纪风云

春秋末年，晋国大权落在六卿手里。六卿分别是智氏、赵氏、魏氏、韩氏、范氏、中行氏。

晋国毕阳的孙子豫让开始时在范氏、中行氏那里做事，范氏、中行氏不喜欢他，他便投到智伯门下，智伯很宠信他。

后来，范氏、中行氏被其他四氏所灭。不久，智伯因贪心过重，身败名裂，赵、魏、韩三家分了他的土地。

赵襄子因智伯曾围攻晋阳达三年之久，几乎要了他的命，所以最恨智伯了。为了泄恨，他把智伯的头骨做了尿壶。

智伯灭亡后，豫让逃进深山，躲藏起来。后来，他听说赵襄子用智伯的头骨做尿壶，不禁恨恨地说："常言道：'士为知己者死，女为悦己者容。'我一定要为智氏报仇。"

为了刺杀赵襄子，豫让扮作泥瓦匠，到赵襄子宫中粉刷厕所。赵襄子上厕所时，突然心跳起来。他有所警觉，将豫让抓起来加以审问，才知道是智伯的心腹。经搜查，发现豫让的抹子上已经装了刀刃。左右的人见了，喊道："这人心真黑，杀了他吧！"赵襄子说："算了吧！这人是义士，我注意点就是了。智伯灭族后，已经没有后代了。如今，他的臣子肯为他报仇，这是天下少有的贤人啊！"赵襄子不顾

众人反对，下令放了豫让。

豫让出去后，并不灰心。为了杀掉赵襄子，为智伯报仇，他故意在身上涂了漆，好像长了癞；他还拔掉了胡须和眼眉，用刀划破了脸。然后，他扮成乞丐，到街上行乞，寻找机会刺杀赵襄子。当他来到家门前，向妻子行乞时，妻子没有认出他，但奇怪地说："这人样子长得虽然不像我丈夫，但声音为何这样像呢？"豫让听了，又吞下木炭，让自己的声音变哑了。

朋友见豫让这样做，对他说："你为了替主人报仇，竟这样苦自己，真是忠心耿耿，有男儿志气，但不能说你有智。你想，以你的才能，如果投靠赵襄子，定会受到重用，会经常有机会接近他的。那时，你不就可以为主人报仇了吗？"豫让笑了笑说："那样做，岂不是为前面的知己去杀后面的知己，为旧主人杀害新主人吗？这太不合君臣之义了。我现在这样做，就是为了维护君臣之义啊！决不能毫无原则地怎么轻松就怎么干。我如果委身事人，而又杀他，这是对主人怀有二心啊！我现在这样做，就是为了羞一羞后世那些对主人怀有二心的人。"

过了些时候，豫让听说赵襄子即将外出，他便埋伏在赵襄子必经之路的一座桥下。赵襄子坐车来到桥前时，拉车的马突然毛了。赵襄子警觉地说："快搜！"左右的人从桥下拉出一个乞丐，赵襄子说："这人一定是豫让！"经审问，果然是豫让。

赵襄子定了定神，责备豫让说："当年，你不也曾为范氏和中行氏做过事吗？智伯灭了范氏和中行氏后，你为什么不替他们报仇，反而投靠智伯呢？现在，智伯已死，你为什么偏偏要为他报仇呢？"豫让说："我在范氏和

◎战国　勾连雷纹附耳铜提◎

中行氏那里时，他们拿我当一般人对待，所以我也拿他们当一般人对待；我在智氏那里时，他拿我当国士对待，所以我也以国士对待他。"赵襄子听了，长叹一声，垂泪说："你为智伯尽了臣节，已经成了名。我上回放了你，已经足够了。这次，我不能放你了。"说完，命令士兵围住豫让。豫让说："我听说明主不埋没大义之人，忠臣为了守义成名也不怕死。上次你放了我，天下没有不夸你的。今天，我固然该杀，但我想请你脱下衣服，让我用剑刺几下。如果你肯答应，那我虽死也无遗憾了。我不敢指望你能答应，只是说说心里话罢了。"

赵襄子听了，略思片刻，他觉得豫让是个义士，应该答应他。于是，他脱下衣服，让使者交给豫让。豫让拔剑而起，一连三跃，一边高喊"天啊"，一边猛刺赵襄子的衣服，然后说："我总算对得起智伯了。"说完，便用剑自刎了。

豫让自杀那天，赵国的士人都为他流下了眼泪。

赵策一 武城之封

阅读提示

孟尝君的训话，关键是用“尊重他人应该胜过尊重自己”的高尚道德，驳斥了“人是自私的”通常判断，叫人一定要善待借来的东西、他人的东西，以一种良心的约束钳制住人的私心。在训话方式上他先来了个设问，诱出驳斥的靶子，然后有的放矢，使下属的思想归入正路。

原文

赵王封孟尝君以武城，孟尝君择舍人[1]以为武城吏，而遣之曰：“鄙语[2]岂不曰‘借车者驰之，借衣者被之’哉？”皆对曰：“有之。”孟尝君曰：“文甚不取也。夫所借衣车者，非亲友，则兄弟也。夫驰亲友之车，被兄弟之衣，文以为不可。今赵王不知文不肖，而封之以武城，愿大夫[3]之往也，毋伐树木，毋发屋室，訾然使赵王悟而知文也。谨使，可全而归之。”

注释 <<<

①舍人：左右亲近的人。

②鄙语：俗语。

③大夫：指为武城吏的舍人。

 史纪风云

周赧王二十四年（公元前291年），齐湣王无道，孟尝君出逃到魏国，被魏王任命为相国。

周赧王三十二年（公元前283年），赵惠文王将武城封给孟尝君。孟尝君挑了几个舍人到武城去担任官吏。临别时，孟尝君对他们说："俗语说：'借人家的车子就驾着跑，借人家的衣服就随便披上。'你们听说过吗？"舍人回答说："有这话。"孟尝君说："我认为这话很不可取。借出衣服和车子的，不是亲友就是兄弟。驾着亲友的车子跑，将兄弟的衣服随便披上，我认为这样很不道德，不应该这样做。如今，赵王不知道我不肖，将武城封给了我。希望你们到武城后，不要砍伐树木，不要拆毁房屋，以便将来可以把武城完整地还给赵王。"舍人听了，都毕恭毕敬地说："大人，我们明白了。"

舍人到了武城，完全按照孟尝君的嘱咐办，像爱护自己的国家一样爱护武城。孟尝君听说后，这才放心了。

◎战国 联座龙耳对壶◎

容酒器，由两件龙耳壶和一件壶座组成。两壶形制大小相同。敞口，长颈，圆鼓腹，圈足，座下四兽形足。长方形座，壶盖圆弧形，外围套置一镂孔盖罩，盖顶有一衔环蛇形钮。壶颈有一对龙形耳，十字形界栏将腹部分为八区。

赵武灵王改穿胡服

阅读提示

战国时期，赵武灵王顺应时势，决定推行改革，实行胡服骑射。在此过程中，遇到了重重阻挠。但他目光睿智，坚持自己的主张，很快就见到成效，终于建立了不朽的功业。他循循善诱和雄辩的口才也让人折服。

原文

武灵王平昼间居，肥义侍坐，曰："王虑世事之变，权甲兵之用，念简、襄之迹，计胡、狄之利乎？"王曰："嗣立不忘先德，君之道也；错质务明主之长，臣之论[①]也。是以贤君静而有道民便事之教，动有明古先世之功。为人臣者，穷有弟长辞让之节，通[②]有补民益主之业。此两者，君臣之分也。今吾欲继襄主之业，启胡、翟之乡，而卒世不见也。敌弱者，用力少而功多，可以无尽百姓之劳，而享往古之勋。夫有高世之功者，必负遗俗之累；有独知之虑者，必被庶人之恐。今吾将胡服骑射以教百姓，而世必议寡人矣。"

肥义曰："臣闻之，'疑事无功，疑行无名'。今王即定负遗俗之虑，殆毋顾天下之议矣。夫论至德[③]者不和于俗，成大功者不谋于众。昔舜舞有苗，而禹袒入裸国，非以养欲而乐志也，欲以论德而要功也。愚者闇于成事，智者见于未萌，王其遂行之。"王曰："寡人非疑胡服也，吾恐天下笑之。狂夫之乐，知者哀焉；愚者之笑，贤者戚焉。世有顺我者，则胡服之功，未可知也。虽驱世以笑我，胡地中山吾必有之。"

王遂胡服，使王孙绁告公子成曰："寡人胡服，且

注释 <<<

①论（lún）：通"伦"，道理。
②通：得志，显达。
③至德：最高的道德。
④公行：共同的行为准则。
⑤异敏：奇异精巧。
⑥义行：效法。
⑦俊民：杰出的人才。

将以朝，亦欲叔之服之也。家听于亲，国听于君，古今之公行[4]也。子不反亲，臣不逆主，先王之通谊也。今寡人作教易服而叔不服，吾恐天下议之也。夫制国有常，而利民为本；从政有经，而令行为上。故明德在于论贱，行政在于信贵。今胡服之意，非以养欲而乐志也。事有所出，功有所止，事成功立，然后德且见也。今寡人恐叔逆从政之经，以辅公叔之议。且寡人闻之，事利国者行无邪，因贵戚者名不累。故寡人愿募公叔之义，以成胡服之功。使绁谒之，叔请服焉。"

公子成再拜曰："臣固闻王之胡服也，不佞寝疾，不能趋走，是以不先进。王今命之，臣固敢竭其愚忠。臣闻之：中国者，聪明睿知之所居也，万物财用之所聚也，贤圣之所教也，仁义之所施也，诗书礼乐之所用也，异敏[5]技艺之所试也，远方之所观赴也，蛮夷之所义行[6]也。今王释此，而袭远方之服，变古之教，易古之道，逆人之心，畔学者，离中国，臣愿大王图之。"

使者报王，王曰："吾固闻叔之病也。"即之公叔成家自请之，曰："夫服者，所以便用也；礼者，所以便事也。是以圣人观其乡而顺宜，因其事而制礼，所以利其民而厚其国也。被发文身，错臂左衽，瓯越之民也；黑齿雕题，鳀冠秫缝，大吴之国也。礼服不同，其便一也。是以乡异而用变，事异而礼易。是故圣人苟可以利其民，不一其用；果可以便其事，不同其礼。儒者一师而礼异，中国同俗而教离，又况山谷之便乎？故去就之变，知者不能一；远近之服，贤圣不能同。穷乡多异，曲学多辩，不知而不疑，异于己而不非者，公于求善也。今卿之所言者，俗也；吾之所言者，所以制俗也。今吾国东有河、薄洛之水，与齐、中山同之，而无舟楫之用。自常山以至代、上党，东有燕、东胡之境，西有楼烦、秦、韩之边，而无骑射之备。故寡人且聚舟楫之用，求水居之民，以守河、薄洛之水；变服骑射，以备其参胡、楼烦、秦、韩之边。

且昔者简主不塞晋阳以及上党，而襄王兼戎取代以攘诸胡，此愚知之所明也。先时中山负齐之强兵，侵掠吾地，系累吾民，引水围鄗，非社稷之神灵，即鄗几不守。先王忿之，其怨未能报也。今骑射之服，近可以备上党之形，远可以报中山之怨。而叔也顺中国之俗以逆简、襄之意，恶变服之名，而忘国事之耻，非寡人所望于子！”

公子成再拜稽首曰：“臣愚不达于王之议，敢道世俗之间。今欲继简、襄之意，以顺先王之志，臣敢不听令。”再拜。乃赐胡服。

赵文进谏曰：“农夫劳而君子养焉，政之经也；愚者陈意而知者论焉，教之道也；臣无隐忠，君无蔽言，国之禄也。臣虽愚，愿竭其忠。”王曰：“虑无恶扰，忠无过罪，子其言乎。”赵文曰：“当世辅俗，古之道也；衣服有常，礼之制也；修法无愆，民之职也。三者先圣之所以教。今君释此而袭远方之服，变古之教，易古之道，故臣愿王之图之。”王曰：“子言世俗之间。常民溺于习俗，学者沉于所闻。此两者，所以成官而顺政也，非所以观远而论始也。且夫三代不同服而王，五伯不同教而政。知者作教，而愚者制焉；贤者议俗，不肖者拘焉。夫制于服之民，不足与论心；拘于俗之众，不足与致意。故势与俗化，而礼与变俱，圣人之道也。承教而动，循法无私，民之职也。知学之人，能与闻迁；达于礼之变，能与时化。故为己者不待人，制今者不法古，子其释之。”

赵造谏曰：“隐忠不竭，奸之属也；以私诬国，贱之类也。犯奸者身死，贱国者族宗。反此两者，先圣之明刑，臣下之大罪也。臣虽愚，愿尽其忠，无遁其死。”王曰：“竭意不讳，忠也。上无蔽言，明也。忠不辟危，明不距人。子其言乎。”

赵造曰：“臣闻之：‘圣人不易民而教，知者不变俗而动。因民而教者，不劳而成功；据俗而动者，虑径而易见也。’今王易初不循俗，胡服不顾世，非所以教民而成

◎战国 立牛铜杯◎
根据表现饮乐场面的青铜造像反映，此类铜杯当是专供古滇王族饮酒的器具，为古滇国特有的饮酒器。

礼也。且服奇者志淫，俗辟者乱民。是以莅国者不袭奇辟之服，中国不近蛮夷之行，非所以教民而成礼者也。且循法无过，修礼无邪，臣愿王之图之。”

王曰：“古今不同俗，何古之法？帝王不相袭，何礼之循？宓戏、神农，教而不诛；黄帝、尧、舜，诛而不怒。及至三王，观时而制法，因事而制礼；法度制令，各顺其宜；衣服器械，各便其用。故礼世不必一其道，便国不必法古。圣人之兴也，不相袭而王；夏殷之衰也，不易礼而灭。然则反古未可非，而循礼未足多也。且服奇而志淫，是邹、鲁无奇行也；俗辟而民易，是吴、越无俊民[7]也。是以圣人利身之谓服，便事之谓教。进退之谓节，衣服之制，所以齐常民，非所以论贤者也。故圣与俗流，贤与变俱。谚曰：‘以书为御者，不尽于马之情；以古制今者，不达于事之变。’故循法之功，不足以高世；法古之学，不足以制今。子其勿反也。”

史纪风云

赵武灵王是赵肃侯的儿子，即位后，时刻不忘光大先君的事业。当时，列国纷争，弱肉强食，要想生存，必须富国强兵。

赵武灵王自幼习武，每日除读书之外，常是戈矛在手，不离马背。在实战中，赵武灵王深感中原人身着长衣大袖，太不利于作战了。他发现胡人穿的衣服紧身窄袖，不影响人的动作，十分适于作战。他想在赵国推广胡服，但考虑中原人瞧不起胡人，怕行不通。因此，他迟迟下不了决心。

这时，大臣肥义鼓励他说：“臣听说做事迟疑就不会成功，大王不要顾忌天下人的议论。聪明人对于未萌之事就早有预见，大王想怎么办就怎么办吧。”

赵武灵王说：“寡人对改穿胡服并不犹豫，只是怕天下人耻笑。如果世上人都听我的，改穿胡服的功效是不可估量的。”

于是，赵武灵王穿上胡服，派王孙绁告诉公子成说：“寡人已经穿上胡服，并准备上朝听政，请你也穿上胡服吧。家事听父母的，国事听君主的，这是古今共同的行为准则。再说，你是公族中的长辈，寡人特地派王孙绁去拜见你，请你带个头，穿上胡服吧。”

公子成拜了两拜说：“臣听说中原是聪明人居住的地方，是圣贤教化之所，是文明礼仪之邦。如今大王不顾这些，却要穿起胡人的服装，这是违背人们心愿的。希望大王考虑这些问题。”

王孙绁把这些话转告赵武灵王，赵武灵王说：“衣服要穿起来方便才行，所以圣人制定礼仪要有利于人民，有利于国家。当年，中山国的军队入侵我国，杀我同胞，掠我财富。先君对此十分痛心，此仇至今未报。现在，我们穿上便于骑马射箭的服装，近可以守卫地形险要的上党，远可以攻克中山，告慰先君，并为无辜的百姓报仇。如今，你偏要遵守中原的习俗而违背先君的意愿，忘记了国家的耻辱，这可不是我对你的期望。”

公子成听了，诚惶诚恐地说：“臣下愚钝，没有理解大王的主张。既然大王顺从先君的意志，臣下岂敢不听令？”说完拜了两拜。于是，赵武灵王赐给他一套胡服。

大臣赵文见公子成也穿上了胡服，觉得不可思议，忙劝赵武灵王说：“顺应时代、附和风俗乃是千古定理，衣服装束早有常规，怎能改变呢？请大王遵循先圣的教诲。”赵武灵王说：“百姓沉溺在习俗之中，学者陶醉于见闻之中。这些人是不能参与创始的。夏、商、周三代服装不同，但都能统一天下。贤能的人移风易俗，无能的人被风俗所拘束。治理当世的人不能照搬古人的一切，请放弃你的想法吧。”

赵文退下后，大臣赵造又劝赵武灵王说：“大王，百姓穿上奇装异服会心术不正，

◎赵武灵王◎

风俗怪异民心会乱的。”赵武灵王说：“怎么会呢？如果百姓穿上奇装异服就会心术不正，那邹鲁之邦就都是正人君子了。如果说风俗怪异民心会被搞乱，那吴越之地就不会出人才了。圣人随形势而行，贤人与变革同步。你不必杞人忧天了。”

经过一场辩论，大臣们都心服口服，于是，赵武灵王颁布了《胡服令》，让赵国人一律改穿胡服。

历代名家点评

蔡邕《独断》：古代“克定祸乱曰武”，“乱而不损曰灵”。

赵策三

赵奢论兵

阅读提示

田单为齐国把守即墨，打败了燕军，曾取得以少胜多的辉煌胜利。他从自己的局部经验出发，主张用兵人数宜少。田单的看法，受到赵奢的尖锐批评。久经沙场、大破秦军的大将赵奢言辞锋利、所向披靡，用形象的比喻和气势逼人的排比说服了田单。

原文

赵惠文王三十年，相都平君田单问赵奢曰："吾非不说将军之兵法也，所以不服者，独将军之用众。用众[①]者，使民不得耕作，粮食挽赁不可给也。此坐而自破之道也，非单之所为也。单闻之，帝王之兵，所用者不过三万，而天下服矣。今将军必负十万、二十万之众乃用之，此单之所不服也。"

马服曰："君非徒不达于兵也，又不明其时势。夫吴、干之剑，肉试则断牛马，金试则截盘匜。薄[②]之柱上而击之，则折为三；质之石上而击之，则碎为百。今以三万之众而应强国之兵，是薄柱击石之类也。且夫吴、干之剑材难，夫毋脊之厚，而锋不入，无脾之薄，而刃不断。兼有是两者，无钓罕镡[③]蒙须之便，操其刃而刺，则未入而手断。君无十余、二十万之众，而为此钓罕镡蒙须之便，而徒以三万行于天下，君焉能乎？且古者，四海之内分为万国。城虽大无过三百丈者，人虽众无过三千家者。而以集兵三万距，此奚难哉？今取古之为万国者，分以为战国七，能具数十万之兵，旷日持久，数岁，即君之齐已。齐以二十万之众攻荆，五年乃罢；赵以二十万之众攻中山，五年乃归。今者齐、韩相方，而国围攻焉，岂有敢曰我其以三万救是者乎哉？今千丈之城、万家之邑相望也，而索以三万之众围千丈之城，不存其一角，而野战不足用也，君将以此何之？"都平君喟然太息曰："单不至也！"

注释 <<<

①用众：使用的兵员多。

②薄：迫近，靠近。

③镡（xín）：剑柄与剑身连接处突出的部分。

史纪风云

周赧王五十年（公元前265年），燕军伐赵，赵国以割让济东三城五十七县为代价，请齐国安平君田单出任赵将，率军抵抗燕军。

对此，赵国名将马服君赵奢极为不满，认为赵国并非无将。

次年，赵王任命田单为相国。一天，田单对赵奢说：“我并非不喜欢将军的用兵方法，只是觉得将军出征时，所用兵员过多。这样，耕田种地的人会减少，军粮会供应不上的。这是自取灭亡的办法，是不可取的。我听说帝王用兵，不过三万人，天下就归服了。现在将军用兵，动辄十万二十万，这是我所不能佩服的。”马服君说：“将军之言差矣。古时天下分成上万个国家，城池再大，也没有超过三百丈的；城里人口再多，也没有超过三千家的。因此，用三万人去攻它，已经足够了。现在，七国争雄，都拥有几十万的兵力，如果用三万人出战，岂非以卵击石？再说，现在天下坚城相望，都有千丈的城墙，如果用三万人去攻，连攻一个城角都不够用，更何谈野战了？”田单听了，长叹道：“将军所言极是，田单不如将军啊！”

※知识链接※

赵奢有丰富的军事思想。从阏与之战中“告之不被，示之不能”、“能为敌司命”、“反客为主”、“居高临下”等战略战术来看，他显然吸取了孙武、孙膑的军事思想。从他于孝成王二年(前264年)与田单论兵法来看，他重视对战争形势和特点的研究，最后使田单折服地说：“单不至也。”说明他有较高的军事造诣。

公孙龙说平原君

阅读提示

本文讲述了赵国公孙龙劝说平原君拒绝封地的故事。公孙龙能够将事情的前后当做一个整体的过程来看待，用统一的标准来衡量，而不总是为了谋利而不择手段，这是给我们的最大启示。

原文

秦攻赵，平原君使人请救于魏。信陵君发兵至邯郸城下，秦兵罢。虞卿为平原君请益地，谓赵王曰："夫不斗一卒，不顿[1]一戟，而解二国患者，平原君之力也。用人之力而忘人之功，不可。"赵王曰："善。"将益之地。公孙龙闻之，见平原君曰："君无覆军杀将之功，而封以东武城。赵国豪杰之士，多在君之右，而君为相国者，以亲故。夫君封以东武城，不让无功；佩赵国相印，不辞无能。一解国患，欲求益地[2]，是亲戚受封而国人计功也。为君计者，不如勿受便。"平原君曰："谨受令。"乃不受封。

注释 <<<

①顿：通"钝"，不锋利。

②益地：增加封地。

史纪风云

周赧王五十八年（公元前257年），魏公子信陵君窃符救赵，秦军退去，解了邯郸之围。

秦军包围邯郸达三年之久，邯郸岌岌可危。为了退敌，赵相平原君赵胜亲自到楚国求援，又多次派遣使者到魏国求救。后来，楚国春申君和魏国信陵君都赶到邯郸城下，

这才打跑了秦军，拯救了赵国。

秦军退走后，虞卿对赵王说：“平原君功德巍巍，为了救国不辞辛劳，大王应该给他增加封地。”赵王说：“好吧，可把东武城加封给他。”

平原君的门客公孙龙对平原君说：“公子，你没有斩将杀敌的功劳，大王却把东武城加封给你。赵国的豪杰之士，其才能多在公子之上，而公子却因为是王亲而出任相国。大王封给你东武城，你不因无功而拒绝；身佩相国大印，你不因无能而交出。解除一次国家的战祸，就增加封地，这是以王亲的身份受封，而以国人的身份计功。这样做影响极为不好。为公子着想，不如不接受封地。”平原君听了，高兴地说：“听你的。”于是，便没有接受封地。赵国人听了这件事，都夸平原君大公无私，一心为国，是个好公子。

※知识链接※

公孙龙观察事物，虽然把个别与一般用“离”的观点绝对化，只见离而不见合，不符合辩证法的“个别存在于一般之中”的观点，但他能够开辟逻辑领域，建立逻辑学的理论体系，有助于百家争鸣的发展。

赵策三 鲁仲连义不帝秦

阅读提示

本文在辩论中展现尖锐的矛盾，并运用对比和个性化的语言，刻画人物性格，具有强烈的艺术感染力。鲁仲连的演说激情洋溢，斗志昂扬，说理透彻，推理严密，折射出他强大的情感力量和严谨的思维能力，也表现了他义不帝秦的高风亮节。

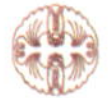

原文

秦围赵之邯郸。魏安釐王使将军晋鄙救赵，畏秦，止于荡阴，不进。魏王使客将军新垣衍间入邯郸，因[1]平原君谓赵王曰："秦所以急围赵者，前与齐湣王争强为帝，已而复归帝，以齐故。今齐湣王已益弱。方今唯秦雄天下，此非必贪邯郸，其意欲求为帝。赵诚发使尊秦昭王为帝，秦必喜，罢兵去。"平原君犹豫未能有所决。

此时鲁仲连适游赵，会[2]秦围赵。闻魏将欲令赵尊秦为帝，乃见平原君曰："事将奈何矣？"平原君曰："胜也何敢言事？百万之众折于外，今又内围邯郸而不能去，魏王使将军辛垣衍令赵帝秦，今其人在是。胜也何敢言事？"鲁连曰："始吾以君为天下之贤公子也，吾乃今然后知君非天下之贤公子也。梁客辛垣衍安在？吾请为君责而归之"平原君曰："胜请召而见之于先生。"平原君遂见辛垣衍曰："东国有鲁连先生，其人在此，胜请为绍介而见之于将军。"辛垣衍曰："吾闻鲁连先生，齐国之高士也。衍，人臣也，使事有职。吾不愿见鲁连先生也。"平原君曰："胜已泄之矣。"辛垣衍许诺。

鲁连见辛垣衍而无言。辛垣衍曰："吾视居北围城之中者，皆有求于平原君者也。今吾视先生之玉貌，非

注释 <<<

①因：通过。
②会：正好碰上。
③若乃：至于。
④求：指苛求。
⑤脯（fǔ）：干肉。用为动词，做成肉干。
⑥听朝：听理朝政。
⑦果：成为事实，实现。
⑧无已：没有止境。
⑨晏然：平安地。

有求于平原君者，曷为久居此围城之中而不去也？”鲁连曰：“世以鲍焦无从容而死者，皆非也。今众人不知，则为一身。彼秦者，弃礼义而上首功之国也，权使其士，虏使其民。彼则肆然而为帝，过而遂正于天下，则连有赴东海而死矣，吾不忍为之民也！所为见将军者，欲以助赵也。”辛垣衍曰：“先生助之奈何？”鲁连曰：“吾将使梁及燕助之，齐、楚则固助之矣。”辛垣衍曰：“燕则吾请以从矣；若乃[3]梁，则吾乃梁人也，先生恶能使梁助之耶？”鲁连曰：“梁未睹秦称帝之害故也。使梁睹秦称帝之害，则必助赵矣。”辛垣衍曰：“秦称帝之害将奈何？”鲁仲连曰：“昔齐威王尝为仁义矣，率天下诸侯而朝周。周贫且微，诸侯莫朝，而齐独朝之。居岁余，周烈王崩，诸侯皆吊，齐后往。周怒，赴于齐曰：‘天崩地坼，天子下席。东藩之臣田婴齐后至，则斮之！’威王勃然怒曰：‘叱嗟，而母婢也。’卒为天下笑。故生则朝周，死则叱之，诚不忍其求[4]也。彼天子固然，其无足怪。”辛垣衍曰：“先生独未见夫仆乎？十人而从一人者，宁力不胜智不若耶？畏之也。”鲁仲连曰：“然梁之比于秦，若仆耶？”辛垣衍曰：“然。”鲁仲连曰：“然吾将使秦王烹醢梁王。”辛垣衍怏然不悦，曰：“嘻，亦太甚矣，先生之言也！先生又恶能使秦王烹醢梁王？”

鲁仲连曰：“固也，待吾言之。昔者，鬼侯、鄂侯、文王，纣之三公也。鬼侯有子而好，故入之于纣，纣以为恶，醢鬼侯。鄂侯争之急，辩之疾，故脯[5]鄂侯。文王闻之，喟然而叹，故拘之于牖里之车百日，而欲舍之死。曷为与人俱称帝王，卒就脯醢之地也？齐闵王将之鲁，夷维子执策而从，谓鲁人曰：‘子将何以待吾君？’鲁人曰：‘吾将以十太牢待子之君。’夷维子曰：‘子安取礼而来待吾君？彼吾君者，天子也。天子巡狩，诸侯辟舍，纳于筦键，摄衽抱几，视膳于堂下，天子已食，退而听朝[6]也。’鲁人投其籥，不果[7]纳。不得入于鲁。将之薛，假途

于邹。当是时，邹君死，闵王欲入吊。夷维子谓邹之孤曰：‘天子吊，主人必将倍殡柩，设北面于南方，然后天子南面吊也。’邹之群臣曰：‘必若此，吾将伏剑而死。’故不敢入于邹。邹、鲁之臣，生则不得事养，死则不得饭含。然且欲行天子之礼于邹、鲁之臣，不果纳。今秦万乘之国，梁亦万乘之国。俱据万乘之国，交有称王之名，睹其一战而胜，欲从而帝之，是使三晋之大臣，不如邹、鲁之仆妾也。且秦无已[8]而帝，则且变易诸侯之大臣。彼将夺其所谓不肖而予其所谓贤，夺其所憎而与其所爱。彼又将使其子女谗妾为诸侯妃姬，处梁之宫，梁王安得晏然[9]而已乎？而将军又何以得故宠乎？”

于是，辛垣衍起，再拜谢曰：“始以先生为庸人，吾乃今日而知先生为天下之士也。吾请去，不敢复言帝秦。”秦将闻之，为却军五十里。

适会魏公子无忌夺晋鄙军以救赵击秦，秦军引而去。于是平原君欲封鲁仲连，鲁仲连辞让者三，终不肯受。平原君乃置酒，酒酣，起，前，以千金为鲁连寿。鲁连笑曰：“所贵于天下之士者，为人排患、释难、解纷乱而无所取也。即有所取者，是商贾之人也，仲连不忍为也。”遂辞平原君而去，终身不复见。

 史纪风云

周赧王五十七年（公元前258年），秦昭襄王派五大夫王陵进攻赵国，包围了邯郸。虽多次发起攻城，但不能攻克，便派王龁代替王陵，仍不能攻克，于是决定长期围困邯郸。

一晃，秦军围攻邯郸已经三年了。魏安僖王派将军晋鄙率领大军救赵，但又惧怕秦军，让晋鄙在赵、魏两国交界处的汤阴驻扎下来，不再前进了。

魏安僖王派客将军辛垣衍潜入邯郸，通过平原君对赵王说：“秦之所以猛攻邯郸，是有原因的。当年，秦王与齐王争强，想和齐王并

称东、西二帝。后来，因为齐王不敢称帝，秦王也取消了帝号。现在，只有秦国称雄天下。秦王之所以猛攻邯郸，并非贪图这座孤城，不过是想称帝罢了。如果大王能尊秦王为帝，秦王必然大喜，一定会下令撤兵而去的。”平原君听了，犹豫不决。

这时，齐人鲁仲连正在赵国游历，赶上秦军围攻邯郸。他听说魏王要尊秦王为帝，便见平原君说：“形势如何了？”平原君说：“我哪敢谈形势啊！百万大军损失在外，现在，秦军又打到内地来包围了邯郸。魏王让客将军辛垣衍来劝大王尊秦王为帝，现在辛垣衍就在这儿。”鲁仲连说：“我原以为你是天下的贤公子，现在才知道你并不是。辛垣衍在哪呢？请让我去斥责他，让他回到魏国去。”平原君说：“好，我找他来见你。”

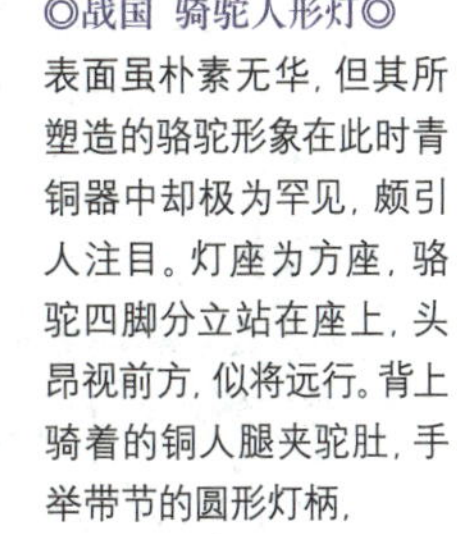

◎战国 骑驼人形灯◎
表面虽朴素无华，但其所塑造的骆驼形象在此时青铜器中却极为罕见，颇引人注目。灯座为方座，骆驼四脚分立站在座上，头昂视前方，似将远行。背上骑着的铜人腿夹驼肚，手举带节的圆形灯柄，

平原君召见辛垣衍说：“齐国有个鲁仲连先生，请让我把他介绍给你。”辛垣衍说：“听说鲁仲连是齐国的高士，我给人家做臣子，有公务在身，不想见他。”平原君说：“我已经跟他说过了。”辛垣衍说：“那好，就见见吧。”

鲁仲连见到辛垣衍后，一言不发。辛垣衍说：“先生，我看住在围城中的人，都是有求于平原君的。而先生貌若天人，并非有求于平原君的，为何久居围城之中而不离去呢？”鲁仲连说：“当年，周朝隐士鲍焦廉洁自守，因不满时政，抱木而死，并非为了个人利害。现在，人们对我并不了解。其实，我留在围城中而不离去，也不是为了个人利害。秦国是个不讲礼义、只讲军功的国家，对待百姓像对待奴隶一样。如果秦王称帝，我只有跳到东海里去死，不愿做他的百姓。我今日来见将军，是为了救助赵国。”辛垣衍问道：“如何救助啊？”鲁仲连说：“我将让魏国和燕国救助赵国，至于齐、楚两国，那是早就在救助赵国了。”辛垣衍说：“燕国我认为会救助的，至于魏国，我就是魏国人，请问先生怎么能使魏国救助赵国呢？”鲁仲连说：“魏国尚未看到秦王称帝的害处，如果看到了，一定会救助赵国的。”辛垣衍问道：“秦王称帝有什么害处啊？”鲁仲连说：“从前，齐威王曾经仗义

行仁，率领天下诸侯朝拜周王。那时，周王又穷又弱，诸侯都已经不朝拜他了，只有齐威王愿意朝拜他。过了一年多，周王死了，儿子即位，齐威王迟迟未进京参加追悼仪式，新王大怒，派人到齐国对齐王说：'天崩地裂，天子下席守丧，东藩之臣田婴齐如果去晚了，就杀了他。'齐威王听了这话，勃然大怒道：'呸，真是婢子养的！'天下人听了这件事，都笑了。周王活着时候，齐威王去朝拜；周王死了的时候，齐威王骂了他的儿子。这是为什么呢？实在是因为忍受不了新王的苛求啊。其实，天子就是那样，并不足怪。"辛垣衍说："先生没有见过奴仆吗？他们十个人却要听一个主人的，难道是他们的力量和智慧不如主人吗？不是的，是因为他们害怕主人。"鲁仲连说："这么说，魏国和秦国是奴仆和主人的关系了？"辛垣衍说："是的。"鲁仲连说："既然这样，我就让秦王把魏王烹了做成肉酱。"辛垣衍不高兴地说："先生的话说得太过分了，先生怎能让秦王将魏王做成肉酱呢？"鲁仲连说："当然能了。商纣王时，鬼侯、鄂侯、文王是纣王的三个诸侯。鬼侯有个女儿长得十分漂亮，鬼侯把她献给了纣王，纣王却认为她长得太丑，竟将鬼侯剁成了肉酱。鄂侯为鬼侯辩白，也被制成了肉干。文王听说此事，长叹了一声，结果被囚禁在羑里，企图让他自杀。这些事只有称帝的人才能做出来。因此，秦王一旦称帝，完全有可能将魏王做成肉酱。"辛垣衍听了，无言以对。

◎战国　镶嵌三角云纹敦◎
盛食器，球体，盖与器对称，可分开使用。区别之处在于器有子口，有三扁足，上部呈圈形，两侧设圈耳。

接着，鲁仲连又说："当年，乐毅伐齐，连克七十多城，齐湣王要到鲁国去。夷维子手持马鞭为他驾车，对鲁国人说：'你们打算用什么礼节款待我们的国君？'鲁国人说：'我们准备用牛、羊、猪各十只款待你们的国君。'夷维子说：'这怎么行？我们的国君是天子。天子巡行属国，诸侯得离开自己的宫室，交出钥匙，撩起衣襟，捧着几案，在堂下伺候吃饭。天子吃完饭，你们才可以退下去处理朝政。'鲁国人一听此言，立即闭关下锁，拒不接纳。齐湣王想到薛国去，向邹国借道。正在这时，邹国的国君死了，齐湣王想去吊唁。夷维子对即位的新君说：'天子来吊唁，丧主一定要把灵柩掉个方向，以便天子坐北朝南吊唁。'邹国的群臣听了，纷纷说：'一定要这样的话，我们宁肯自杀。'齐湣王听了，不敢进入邹国。现在，魏国和秦国都是万乘之国，国君地位是平等的，都已经称王了。如果看到秦国打了一次胜仗，就要尊秦王为帝，那赵国的大臣连邹、鲁两国的小臣都不如了。再说，秦王一旦称帝，必将更换各国的大臣，还会把本国的女子安置到诸侯的后宫充当妃嫔，日夜进谗。那时，魏王怎能安静地住在王宫里呢？大臣们即使不被换掉，又怎能取得往日的宠幸呢？"

辛垣衍听到这里，忙挺起身子，拜了两拜，赔罪说："我原以为先生是个平庸之辈，现在才知道先生是天下少有的贤士。请让我回去，再也不敢拥戴秦王为帝了。"说罢，辞别赵王，回到了魏国。

秦军将领听说这个消息后，立即退军五十里。

不久，魏公子信陵君无忌夺了晋鄙的军权，杀向秦军，秦军撤离了邯郸。

平原君要封赏鲁仲连，鲁仲连推辞再三，说什么也没有接受。平原君为了答谢鲁仲连，又置酒请他赴宴。酒酣时，平原君拿出千镒黄金赠给他，因为他制止了辛垣衍尊秦王为帝的活动。鲁仲连笑了笑说："作为天下贤士，其可贵之处就在于能为别人排忧解难而一无所取。如果有所取，那就是唯利是图的商人了。我无论如何也不能收下这些黄金。"说完，他离开赵国，终身不肯再见平原君。

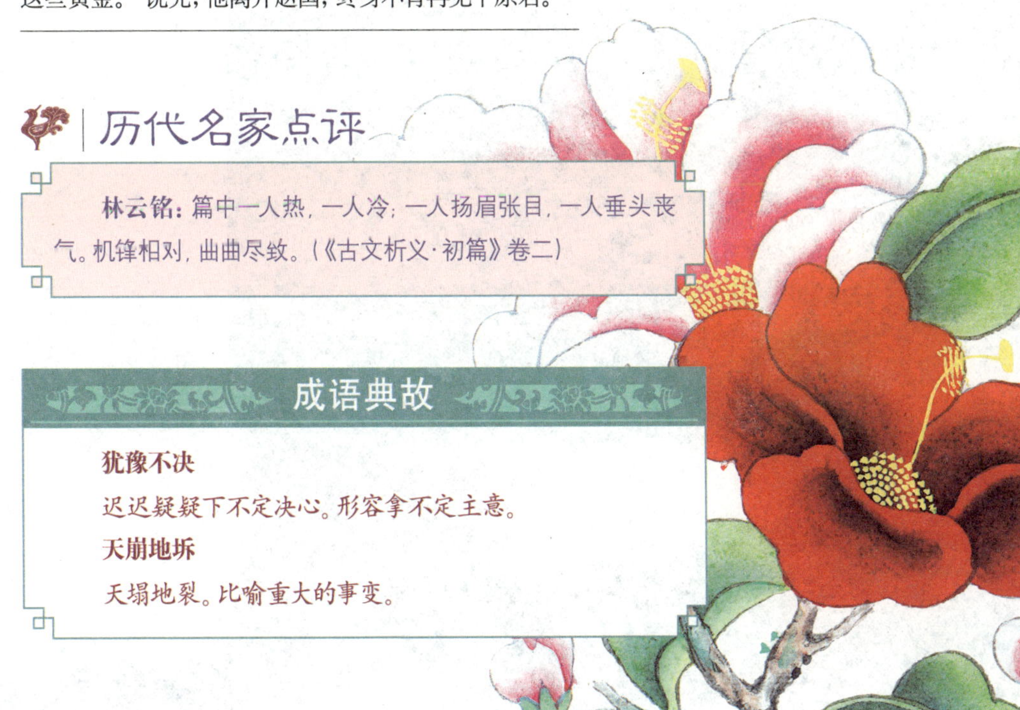

历代名家点评

林云铭：篇中一人热，一人冷；一人扬眉张目，一人垂头丧气。机锋相对，曲曲尽致。（《古文析义·初篇》卷二）

成语典故

犹豫不决

迟迟疑疑下不定决心。形容拿不定主意。

天崩地坼

天塌地裂。比喻重大的事变。

赵策四 买马

阅读提示

说客先由买马谈起，看起来毫不经意，实际上已经将要说的话作了谋划安排。选马要等相马之人，那么治理国家更需要物色好贤明的大臣。通过选马与治国的类比，昏庸的赵王才有所悟。对待那些明显在走错路的人，我们当然要指出他的错误，但批评也要讲艺术。

原文

客见赵王曰："臣闻王之使人买马也，有之乎？"王曰："有之。""何故至今不遣？"王曰："未得相马之工也。"对曰："王何不遣建信君乎？"王曰："建信君有国事，又不知相马。"曰："王何不遣纪姬乎？"王曰："纪姬妇人也，不知相马。"对曰："买马而善，何补于国？"王曰："无补于国。""买马而恶，何危于国？"王曰："无危于国。"对曰："然则买马善而若恶，皆无危补于国，然而王之买马也必将待工。今治天下举错[1]非也，国家为虚戾而社稷不血食，然而王不待工而与建信君，何也？"赵王未之应也。客曰："燕郭之法有所谓桑雍者，王知之乎？"王曰："未之闻也。""所谓桑雍者，便辟左右之近者及夫人优爱孺子也。此皆能乘王之醉昏而求所欲于王者也。是能得之乎内，则大臣为之枉法于外矣。故日月晖[2]于外，其贼[3]在于内，谨备其所憎，而祸在于所爱。"

注释 <<<

①举错：措施。错，通"措"。

②晖：光辉，放光辉。

③贼：害，毛病。此指日蚀、月蚀。

史纪风云

有一天，一个游说之士来见赵王，问赵王说："听说大王要派人买马，有这事吗？"赵王说："有这事。"来人问道："为什么至今不派人去呢？"赵王说："还没找到相马的行家。"来人说："大王为何不派建信君去呢？"赵王说："建信君有国务在身，再说他又不会相马。"来人说："那为何不派纪姬去呢？"赵王说："纪姬是个女人，哪里懂得相马啊！"来人问："买的马好，对国家有什么益处吗？"赵王说："没什么益处。"来人问："买的马坏，对国家有什么害处吗？"赵王说："没什么害处。"来人说："无论所买的马是好是坏，对国家都毫无影响，但大王一定要等善于相马的人。而治理天下如果举措失当，会亡国的，但大王却不用善于治理国家的人，而用建信君，这是为什么呢？"赵王听了，觉得他说得很有道理，还没来得及回答，来人又说："春秋时，郭偃辅佐晋文公，曾经变法，并著有法书。书中曾提到养痈之事，大王知道吗？"赵王说："没听说过。"来人说："所谓养痈是指君王身边年轻貌美的近臣像毒痈一样，常趁君王昏醉时有求于君王，如果他们的欲望得逞，大臣就要在外面贪赃枉法了。这些近臣就是太阳里面的天狗，月亮里面的蟾蜍。日月争辉，虽然亮得很，但有时天狗能吃掉太阳，蟾蜍能吞下月亮。养痈贻患，大王要小心身边喜爱的人，有时祸患就出在他们身上啊。"赵王听了这一席话，开始有些警觉了。

◎战国前期 鼎◎
饪食器。附耳，鼓腹，三蹄足，盖顶中心有曲拱的蛇形衔环钮，盖周有三水牛，牛首侧顾向外。器表镶嵌勾连云纹、蟠龙纹等。

赵策四

谅毅见秦王

阅读提示

公元前286年，魏国把安邑献给秦国，各国使臣纷纷入秦朝贺，只有赵使得不到接见，于是谅毅被推荐为使者。谅毅果然得到了接见，完成了使命。谅毅举重若轻，不辱使命，是一位出色的外交使节。

原文

秦攻魏，取宁邑，诸侯皆贺。赵王使往贺，三反，不得通。赵王忧之，谓左右曰："以秦之强，得宁邑以制齐、赵。诸侯皆贺，吾往贺而独不得通，此必加兵我，为之奈何？"左右曰："使者三往不得通者，必所使者非其人也。曰谅毅者，辩士也，大王可试使之。"

谅毅亲受命而往。至秦，献书秦王曰："大王广地宁邑，诸侯皆贺，敝邑寡君亦窃嘉之，不敢宁居，使下臣奉其币物[①]三至王廷而使不得通。使若无罪，愿大王无绝其欢；若使有罪，愿得请之。"秦王使使者报曰："吾所使赵国者，小大皆听吾言，则受书币；若不从吾言，则使者归矣。"谅毅对曰："下臣之来，固愿承大国之意也，岂敢有难[②]？大王若有以令之，请奉而西行之，无所敢疑。"

于是秦王乃见使者，曰："赵豹、平原君数欺弄寡人。赵能杀此二人则可；若不能杀，请今率诸侯受命邯郸城下。"谅毅曰："赵豹、平原君，亲寡君之母弟也，犹大王之有叶阳、泾阳君也。大王以孝治闻于天下，衣服使之便于体，膳啖使之嗛于口，未尝不分于叶阳、泾阳君。叶阳君、泾阳君之车马衣服，无非大王之服御[③]者。臣闻之，有覆巢毁卵而凤皇不翔；刳胎焚夭而骐骥不至。今使臣受大王之。今以还报，敝邑之君畏惧不敢不行，无乃伤叶阳君、泾阳君之心乎？"

秦王曰："诺。勿使从政。"谅毅曰："敝邑之君，有母弟不能教诲，以恶大国，请黜[④]之，勿使与政事，以称大国。"秦王乃喜，受其弊而厚遇之。

注释 <<<

①币物：礼物。 ②难：反驳，质问。 ③服御：使用，役使。 ④黜（chù）：贬退。

史纪风云

周赧王二十九年（公元前286年），秦军伐魏，攻克安邑。诸侯闻讯，纷纷派使者向秦王祝贺。

赵王也派使者到秦国去，但去了三次，秦王都不肯接见。赵王为此十分忧虑，对左右的人说："以秦国之强大，攻克安邑后，诸侯派人去祝贺，唯独不见我们的使者，看来一定要打我们了，这如何是好呢？"左右的人说："使者去了三趟，都没有见到秦王，看来一定是用人不当吧。有个叫谅毅的人，是个辩士，大王可以让他去试试。"赵王说："好吧。"

谅毅奉命前往秦国。到了秦国，谅毅上书秦王说："大王攻克安邑，诸侯都来祝贺，我们赵王也为之高兴，特地派使者带着重礼前来，但来了三次，尚未得见大王。如果我们无罪，请大王接见；如果我们有罪，请大王指出。"秦王见信，让使者回答说："寡人对赵国说什么，赵国都肯听我的，我就接见赵国的使者，并接受礼物。否则，使者还是回去吧。"谅毅回答说："下臣此来，就是前来奉行大王旨意的。大王有什么吩咐，一定执行，决不迟疑。"于是，秦王接见了谅毅。

秦王对谅毅说："你们赵国的赵豹和平原君曾多次要弄寡人。如果赵王能杀掉这两个人，万事皆

休。否则，我们将率领诸侯到邯郸城下听令的。”谅毅说：“赵豹和平原君是赵王的弟弟，就像大王的叶阳君和泾阳君一样。大王以孝悌治天下，好吃的好喝的都分给叶阳君和泾阳君，叶阳君和泾阳君的车马衣服同大王的一模一样。臣听说覆巢毁卵的地方凤凰是不到的，剖腹取胎的地方麒麟是不来的。小臣接受大王之命回报赵王后，赵王一定不敢不执行。听说赵豹和平原君被杀，叶阳君和泾阳君能不寒心吗？”

秦王说：“那好吧，不杀就不杀，但不要让他们在朝中理政了。”谅毅说：“我们赵王管不好自己的弟弟，让他们得罪了大王，一定罢免他们，不让他们参政，让大王满意。”秦王听了，这才高兴起来，接受了礼物，并厚待谅毅。

赵策四 触龙说赵太后

阅读提示

触龙为了赵国的安全，用巧妙的方式和委婉的言辞，向赵太后从容进谏，动之以情，晓之以理，终于使溺爱少子、专横气盛的赵太后醒悟过来，并接受了建议。触龙这种循循善诱的劝谏方式，是战国谋士的又一种进谏方式。

原文

赵太后[1]新用事，秦急攻之。赵氏求救于齐，齐曰："必以长安君为质，兵乃出。"太后不肯，大臣强谏[2]。太后明谓左右："有复言令长安君为质者，老妇必唾其面。"左师触龙言愿见太后，太后盛气而揖之。入而徐趋，至而自谢，曰："老臣病足，曾不能疾走，不得见久矣。窃自恕，而恐太后玉体之有所郄也，故愿望见太后。"太后曰："老妇恃辇而行。"曰："日食饮得无衰乎？"曰："恃粥耳。"曰："老臣今者殊不欲食，乃自强步，日三四里，少益耆食，和于身也。"太后曰："老妇不能。"太后之色少解。

左师公曰："老臣贱息舒祺，最少，不肖。而臣衰，窃爱怜之，愿令得补黑衣之数，以卫王宫。没死以闻。"太后："敬诺。年几何矣？"对曰："十五岁矣。虽少，愿及未填沟壑而托之。"太后曰："丈夫[3]亦爱怜其少子乎？"对曰："甚于妇人。"太后笑曰："妇人异甚。"对曰："老臣窃以为媪[4]之爱燕后，贤于长安君。"曰："君过矣，不若长安君之甚。"左师公曰："父母之爱子，则为之计深远。媪之送燕后也，持其踵为之泣，念悲其远也，亦哀之矣。已行，非弗思也，祭祀必祝之，祝曰：'必勿使反。'岂非计久长有子孙相继为王也哉？"太后曰："然。"左师公

注释 <<<

①赵太后：即赵威后，孝成王的母亲。

②强（qiǎng）谏：竭力谏诤。

③丈夫：男子的通称。

④媪（ǎo）：对老年妇女的敬称。

⑤约车：套车，备车。

曰："今三世以前，至于赵之为赵，赵主之子孙侯者，其继有在者乎？"曰："无有。"曰："微独赵，诸侯有在者乎？"曰："老妇不闻也。""此其近者祸及身，远者及其子孙。岂人主之子孙则必不善哉？位尊而无功，奉厚而无劳，而挟重器多也。今媪尊长安君之位，而封之以膏腴之地，多予之重器，而不及今令有功于国；一旦山陵崩，长安君何以自托于赵？老臣以媪为长安君计短也，故以为其爱不若燕后。"太后曰："诺，恣君之所使之。"于是为长安君约车[5]百乘质于齐。齐兵乃出。

子义闻之，曰："人主之子也，骨肉之亲也，犹不能恃无功之尊，无劳之奉，而守金玉之重也，而况人臣乎？"

史纪风云

赵惠文王死后，太子即位，史称孝成王。当时，孝成王年纪还小，由母亲赵太后掌权。

赵太后刚掌权，秦国便发兵猛攻赵国。赵太后见国家岌岌可危，忙派使者向齐国求救。齐王说："一定得让长安君来齐国做人质，我们才能出兵。"

长安君是赵太后的小儿子，赵太后极为宠爱他，舍不得让他到齐国去做人质。大臣们听说后，都来劝赵太后说："太后，秦军攻势凶猛，国家已到了存亡之秋，还是让长安君到齐国去吧。"太后闻言大怒，对左右的人说："如果有人再敢提让长安君去做人质，老妇我一定把唾沫吐在他的脸上！"大臣们听了，再也不敢进谏了。

◎战国 陶瓿◎

赵国左师触龙听说没人敢进谏了，对大家说："我愿意见太后。"赵太后听说后，怒气冲冲地等着他。触龙进门后，费力地小跑着上了大殿。他来到赵太后面前，先谢罪说：“老臣患脚病，竟然不能快跑，好久未见太后了。老臣虽然自己宽恕自己，但又惦记太后玉体，因此愿意来见太后。”太后说：“老妇乘辇而行，还可以。”触龙又问：“饭量没减少吗？”太后说：“只喝些粥而已。”触龙说：“老夫近来特别不想吃饭，便挣扎着散步，一天走三四里，稍微有点想吃饭了。”太后说：“老妇可走不动。”这时，太后的脸色好些了。

触龙见状，进一步说：“老臣犬子舒祺，年龄最小，很不成器。老臣日渐衰老，很疼爱他，想让他进宫做黑衣侍卫。老臣斗胆求太后恩准。”太后说：“行。多大了？”触龙说：“十五岁了。他虽然还小，我想趁我死前将他托付给太后。”太后说：“原来大丈夫也怜爱小儿子啊。”触龙说：“是的，比妇人还甚。”赵太后说：“还是妇人更甚。”触龙说：“臣认为太后爱女儿燕后要胜过爱长安君。”太后说：“你搞错了，老妇爱燕后不如爱长安君。”触龙说：“父母爱子女，要为他们作长远打算。太后送燕后时，握着她的脚哭，我想是为她远行而悲伤，也是哀怜她啊。燕后走了之后，太后不是不想她，但祭祀的时候总要祝愿说：‘千万不要让她回来啊！’这不是为她作长远打算，让她的子孙世世代代做燕王吗？”太后说：“是的。”触龙说：“现在回想一下，三代以前，直到赵氏建国，赵国君主的子孙，凡是封侯的，现在都后继有人吗？”太后说：“一个也没有。”触龙又问：“不光是赵国，其他诸侯子孙封侯的，都传到现在了吗？”太后说：“没听说有。”触龙说：“这些人近的祸及自身，远的祸及子孙。但并非君主的子孙不好，而是因为他们位高禄厚而没有功劳，还占有贵重的宝器。现在，太后给长安君高位，封给他膏腴之地，赏给他大量的宝器，却不让他趁现在的大好时机为国立功。试想太后百年之后，长安君如何在赵国托身？老臣认为太后没有为长安君作长远打算，因此说太后对他的爱不如对燕后的爱。”赵太后听了这话，恍然大悟说：“对，你看怎么做就怎么做吧。”于是，为长安君准备一百辆车，送他到齐国去做人质。

齐王见了长安君，立即下令出兵了。

※知识链接※

触龙在太后盛怒、坚决拒谏的情况下，先避开矛盾，然后委婉地指出太后对幼子的爱，其实并不是真正的爱。由于说理透彻，使赵太后改变了原来的固执态度。触龙对“王孙”“公子”们“位尊而无功，奉厚而无劳”，必将导致“近者祸及身，远者及其子孙”的警辟之见，至今仍有鉴戒作用。

历代名家点评

王符曾：月彤映花，花影浸月，更得微风摇动，而月魄花魂愈觉淡雅宜人，文致似之。（《古文小品咀华》卷一）

浦起龙：摹神微密之文，必细分节次，愈见关目步骤之工。意越冷，越投机；语越宽，越醒听。由其意冷无非苦心，宽语悉是苦口也。（《古文眉诠》卷十五）

西门豹出任邺令

阅读提示

魏文侯在西门豹赴任之时，传授他建功立名之道。他告诫西门豹要慎重选择人才，体现了魏文侯贤明的一面。

原文

西门豹为邺令，而辞乎魏文侯。文侯曰："子往矣，必就[1]子之功而成子之名。"西门豹曰："敢问就功成名，亦有术乎？"文侯曰："有之。夫乡邑老者而先受坐之士，子入而问其贤良之士而师事之；求其好掩人之美而扬人之丑者而参验之。夫物多相类而非也，幽莠[2]之幼也似禾，骊牛之黄也似虎，白骨疑象，武夫[3]类玉，此皆似之而非者也。"

注释 <<<

①就：完成。

②幽莠：狗尾草。

③武夫：即碔砆（wǔ fū），似玉的石头。

史纪风云

邺城是魏国在东方的重地，夹于韩、赵两国之间。那里土地荒芜，百姓贫穷。为了开发邺城，魏文侯决定派贤臣西门豹担任邺令。

西门豹动身前，特地来向魏文侯辞行。魏文侯说："你到邺城去吧，此去一定要立功扬名。"西门豹问道："请问主公，立功扬名也有办法吗？"魏文侯说："当然有了。你到邺城后，每次召见士民时，一定要让乡里的老年人坐在士人的前面；你要访求贤良之士，以师礼侍奉他们；要找出那些好掩盖别人长处、宣扬别人短处的人加以验证。要知道有好多东西是似是而非的：初生的狗尾草像谷子，黄色的野牛像老虎，白骨像象牙，碔砆石像宝玉。这些都是似是而非的东西，你不可不慎啊！"

西门豹听了，恭恭敬敬地说："臣一定牢记主公的教导。"说完，便上路了。

魏策一 山河之险

阅读提示

这个故事写的是吴起与魏文侯的一段谈话，充分体现了他的政治眼光。不幸的是吴起从此与王错结下仇怨，王错经常说吴起的坏话，最终把吴起挤走。正验证了那句话，“木秀于林，风必摧之”。

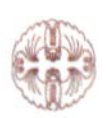

原文

魏武侯与诸大夫浮于西河，称[①]曰：“河山之险，岂不亦信固哉！”王错侍王曰：“此晋国之所以强也。若善修之，则霸王之业具矣。”吴起对曰：“吾君之言，危国之道也；而子又附之，是危也。”武侯忿然曰：“子之言有说乎？”

吴起对曰：“河山之险，信不足保[②]也，是伯王之业，不从此也。昔者三苗之居，左彭蠡之波，右有洞庭之水，文山在其南，而衡山在其北。恃此险也，为政不善，而禹放逐之。夫夏桀之国，左天门之阴，而右天溪之阳，庐、睪在其北，伊、洛出其南。有此险也，然为政不善，而汤伐之。殷纣之国，左孟门，而右漳、釜，前带河，后被山。有此险也，然为政不善，而武王伐之。且君亲从[③]臣而胜降城，城非不高也，人民非不众也，然而可得并者，政恶故也。从是观之，地形险阻，奚足以霸王矣！”

武侯曰：“善。吾乃今日闻圣人之言也！西河之政，专委之子矣。”

注释 <<<

①称：称颂，夸耀。
②保：依靠，仗恃。
③从：带领。

◎战国　虫兽纹◎

史纪风云

吴起是战国名将，也是著名的军事家，著有《吴子兵法》一书。他听说魏文侯是个贤君，便从鲁国来到魏国。魏文侯很重视他，任命他为西河守。

周安王六年（公元前396年），魏文侯病逝，其子魏击即位，史称魏武侯。

有一天，魏武侯到西河来视察，在吴起的陪同下，带着大臣，乘船沿黄河观览山川形势。在船中，魏武侯望着滚滚黄河和两岸的崇山峻岭，不禁叹道："山河如此之险，真是固若金汤啊。"这时，大臣王错在一旁陪侍，应声道："这就是魏国所以强大的原因啊。如果继续努力，就可以成就霸王之业了。"吴起听了君臣间的对话，反驳王错道："主公之言是危国之言，而你又加以附和，那就加重了危险。"魏武侯听了，忿然作色道："你的话有根据吗？"吴起说："山河之险是靠不住的，霸王之业，靠的不是山河之险。从前，三苗所居之地，左有彭蠡，右有洞庭，南有文山，北有衡山。但三苗仗着山河之险，不修善政，终于被大禹驱逐。夏桀的国家，左到天门山北麓，右到黄河北岸，庐睾山在其北，伊水、洛水流其南。夏桀有此山河之险，但不修善政，终于被商汤攻灭。殷纣的国家，左有孟门关，右有漳水、釜水，前靠黄河，北倚太行山。商纣虽有这样的山河之险，但不修善政，终于被周武王攻灭。主公也曾带领大臣攻城夺地，那些城并非不高，守城的人也并非不多，但终于被攻克了，其原因也是不修善政。由此看来，怎能靠山河之险成就霸业呢？"魏武侯听了，转怒为喜道："讲得好，我今天才听到圣人之言。西河的军政大计就全靠你了。"

◎战国中期　嵌金银卷云四瓣纹鼎◎

饪食器，有盖，器、盖合成扁圆球形，三蹄足。盖正中有带圆环的铺首鼻钮，钮旁有对称的鎏金蟾蜍一对。器腹一侧斜向上出管状流，口两侧附耳。

魏策一 牛马并用

阅读提示

类比方法形象、生动、易于理解，但进行类比的两事物没有逻辑上的必然联系，从逻辑上讲，“用牛驾辕、用千里马拉套不会走动”，是得不出国家有别扭的两重臣不能共事的结论的。但是，类比又告知人们两者的相似性、可类比性。其实惯于形象思维的我们是最易接受类比的。

原文

公孙衍为魏将，与其相田需不善。季子为衍谓梁王曰：“王独[①]不见夫服牛骖骥乎？不可以行百步。今王以衍为可使将，故用之也。而听相之计，是服牛[②]骖骥也。牛马俱死，而不能成其功，王之国必伤矣！愿王察之。”

注释 <<<

①独：难道。

②服牛：牛驾辕。

史纪风云

魏襄王任命公孙衍为魏将，任命田需为魏相。公孙衍与田需不和。

这时，大臣季子对魏襄王说：“大王没见过用牛驾辕，用千里马拉套吧？如果那样的话，连一百步都走不成。现在，大王认为公孙衍是可用之将，所以起用了他。但大王却听相国的计谋，这就是用牛驾辕用马拉套啊。其结果，牛马都得累死，什么事也不会成功，国家还会受到损失。请大王好好考虑考虑吧。”

魏王不肯听季子的话，公孙衍果然出师不利，最后被田需排挤走了。

◎战国 玉凤佩◎

惠施说襄王

阅读提示

直接用人民辛苦和国家开支不够规劝太子，是一点效果也没有的。如果从太子的孝心出发，正面地以鼓励的方式叫他真正地行孝子之实，那么太子绝对是愿意改变的。所以这种让对方感到自己所言确实与他的目的一致的游说效果就很好。加上灵活的惠子巧妙地将天下大雪这个事实作了另类解释，使太子不得不听从他。

原文

魏惠王死，葬有日矣。天大雨[1]雪，至于牛目，坏城郭，且为栈道而葬。群臣多谏太子者，曰："雪甚如此而丧行，民必甚病之，官费又恐不给[2]，请弛期更日。"太子曰："为人子而以民劳与官费用之故，而不行先王之丧，不义也。子勿复言。"

群臣皆不敢言，而以告犀首。犀首曰："吾未有以言之也。是其唯惠公乎！请告惠公。"惠公曰："诺。"驾而见太子，曰："葬有日矣？"太子曰："然。"惠公曰："昔王季历葬于楚山之尾，灓水啮其墓，见棺之前和。文王曰：'嘻！先君必欲一见群臣百姓也夫，故使灓水见之。'于是出而为之张于朝，百姓皆见之，三日而后更葬。此文王之义也。今葬有日矣，而雪甚，及牛目，难以行，太子为及日之故，得毋[3]嫌于欲亟葬乎？愿太子更日。先王必欲少留而扶社稷、安黔首也，故使雪甚，因弛期而更为日。此文王之义也。若此而弗为，意者[4]羞法[5]文王乎？"太子曰："甚善。敬弛期，更择日。"

惠子非徒行其说也，又令魏太子未葬其先王，而因又说文王之义。说文王之义以示天下，岂小功也哉！

注释 <<<

①雨（yù）：降。
②不给（jǐ）：不足。
③得毋：是不是。
④意者：大概，或许。
⑤法：效法。

史纪风云

周慎靓王二年（公元前319年），魏惠王病逝，太子即位，史称魏襄王。

魏惠王下葬这天，忽然天降大雪，积雪之厚，竟到了黄牛的眼睛，把城墙都压坏了。魏襄王见积雪遍地，路已不通，无法出行，便决定让百姓抢修栈道，运棺安葬。

群臣都前来进谏说："大王，雪下得这么大，还要下葬，百姓会吃苦头的，官府恐怕也出不起建栈道的费用，请大王改日再葬吧。"魏襄王心中不悦，说道："身为人子，仅仅因为怕百姓吃苦和官府花钱，就拖延不葬先王，这是不孝的。你们不要说了！"群臣听了，都不敢再谏了。

※知识链接※

惠施为战国时代"名辩"思潮中的思想巨子，与公孙龙共同将名辩学说推向顶峰。

有人把此事告诉了犀首。犀首说："恐怕我进谏也不行，只有惠公可以，我去求求惠公吧。"

惠公就是惠施，为人足智多谋，极有辩才。犀首找到他，把事情一说，惠公说："行，我去试试。"说完，驾车去见魏襄王说："先王归天，下葬的日子选好了吗？"魏襄王说："选好了，马上举行葬礼。"惠施说："当年，文王的父亲季历去世后，葬于楚山脚下。地下水侵蚀了坟墓，棺木露了出来，文王说：'这是先王要见群臣和百姓，所以让地下水冲走了泥土，露出了棺木。'于是，让人将棺木抬到殿上，让群臣和百姓观瞻三日，然后下葬。这是文王之孝啊。现在，先王下葬的日子已经定了，而上天忽降大雪，积雪竟厚至牛眼，难于行走。这一定是先王想多留几天，好扶持社稷，安顿百姓啊。因此，大王还是过些天再葬吧。"魏襄王听了，说道："原来是这样，那好，且缓几天，待雪停之后，另选吉日安葬吧。"

这样，百姓免去了抢修栈道之苦，官府也节省了修栈道的巨额费用。

◎战国早期 国子壶◎

 历代名家点评

庄子：自夫子之死也，吾无以为质矣，吾无与言之矣！

魏王朝齐

阅读提示

马陵之战，齐国和魏国结下了深仇大恨。魏惠王听取了惠施的建议，使魏国摆脱了困境，借楚国的力量报了魏国的仇。为了报仇而不惜放弃尊严，放下架子，这就是卧薪尝胆精神的体现。

原文

齐、魏战于马陵，齐大胜魏，杀太子申，覆十万之军。魏王召惠施而告之曰："夫齐，寡人之仇也，怨之至死不忘。国虽小，吾常欲悉起兵而攻之，何如？"对曰："不可。臣闻之，王者得度[①]，而霸者知计。今王所以告臣者，疏于度而远于计。王固先属怨于赵，而后与齐战。今战不胜，国无守战之备，王又欲悉起而攻齐，此非臣之所谓也。王若欲报齐乎，则不如因变服[②]折节而朝齐，楚王必怒矣。王游人而合其斗，则楚必伐齐。以休楚而伐罢齐，则必为楚禽矣。是王以楚毁齐也。"魏王曰："善。"乃使人报于齐，愿臣畜而朝。

田婴许诺。张丑曰："不可。战不胜魏而得朝礼，与魏和而下[③]楚，此可以大胜也。今战胜魏，覆十万之军而禽太子申，臣万乘之魏而卑秦、楚，此其暴于戾定矣。且楚王之为人也，好用兵而甚务[④]名，终为齐患者，必楚也。"田婴不听，遂内魏王而与之并朝齐侯再三。

赵氏丑之。楚王怒，自将而伐齐，赵应之，大败齐于徐州。

注释 <<<

①度：法度。

②变服：更换君主的服装。

③下：攻。

④务：追求，要求得到。

史纪风云

这年，魏国太子申挂帅出征，在马陵中了孙膑的埋伏，魏军大败，太子申被杀，魏军损失十万余人。

魏惠王闻讯，急召相国惠施说："齐国是寡人的仇敌，至死都会恨它。我国虽小，但寡人想起兵伐齐，你看如何？"惠施回答说："此事万万不可。臣听说王者做事要切合法度，霸者做事要讲究计谋。大王伐齐，既不切合法度，也有失计谋。我军新败，国内已无征战之人，怎能伐齐呢？如果大王真想报仇，反倒应该去朝见齐王。"魏惠王一听朝见齐王，顿时怒形于色，问道："让我去朝见仇人？"惠施说："这是一计。大王试想，只要我们一到齐国，楚王必然大怒。因为他最嫉恨的是齐国的强大。那时，大王再派人在齐、楚两国之间游说，楚王一定会出兵伐齐的。这样，我们不出一兵一卒，就把仇给报了。"魏惠王听了，转怒为喜道："真是妙计！"马上依计而行。

楚威王听说后，心中大怒，亲自率兵伐齐，在徐州大败齐军。

◎战国后期 羽纹炉◎
取暖用具，炉为长方形，口大于底，四角沿上附外侈边，方唇，直壁，浅腹，平底，四蹄足。

集市有虎

阅读提示

语言世界与真实世界是不同的，语言并不都是真实的。但语言却是达到真实世界的唯一手段，真实世界只能靠语言来揭示、诠释。谋略的产生，就在于语言世界和真实世界的不对称性、依赖性上。事实可以由语言传播来改变、调遣甚至颠覆。认识具有危险性的语言，谨慎地对待语言，是为人处世的明智之举。

原文

庞葱与太子[1]质于邯郸，谓魏王曰："今一人言市有虎，王信之乎？"王曰："否。""二人言市有虎，王信之乎？"王曰："寡人疑之矣。""三人言市有虎，王信之乎？"王曰："寡人信之矣。"庞葱曰："夫市之无虎明矣，然而三人言而成虎。今邯郸去大梁[2]也远于市，而议臣者过于三人矣，愿王察之矣。"王曰："寡人自为知。"于是辞行，而谗言先至。后太子罢质，果不得见。

注释 <<<

①太子：指魏太子。
②大梁：魏国国都。

◎战国　镶嵌红铜交龙纹豆◎

史纪风云

有一年，魏王让庞葱陪太子到赵国都城邯郸去做人质。临行时，庞葱问魏王说：“如果一个人说集市上有虎，大王相信吗？”魏王说：“不相信。”庞葱又问：“如果两个人说集市上有虎，大王相信吗？”魏王说：“半信半疑了。”庞葱又问：“如果三个人说集市上有虎，大王相信吗？”魏王说：“这回相信了。”庞葱说：“集市上是不会有虎的，这是再明白不过的事了。但是，当三个人说集市上有虎的时候，大王就相信了。现在，臣要去邯郸了。邯郸比集市远多了，而在大王面前议论臣的人又不止三个，请大王千万不要误听他们的话啊。”魏王说：“寡人知道了。”

庞葱刚走，关于庞葱的坏话就传到魏王的耳朵里了。后来，太子做罢人质归国，庞葱再也未被召见。

成语典故

三人成虎

城市里本没有虎，但只要有三个人说有虎，听的人也就信以为真了。比喻谣言或讹传广为传播，就会使人相信。

劝止魏王入秦

阅读提示

本文记述了魏臣须贾对秦襄侯的一番说辞，实际上只起了辅助作用。须贾在戏剧中是丑角，从本文看，他是一个富于机智的辩士。

原文

秦败魏于华，魏王且入朝于秦。周䜣谓王曰："宋人有学者，三年反而名其母。其母曰：'子学三年，反而名我者，何也？'其子曰：'吾所贤者，无过尧、舜，尧、舜名；吾所大者，无大天地，天地名；今母贤不过尧、舜，母大不过天地，是以名母也。'其母曰："子之于学者，将尽行之乎？愿子之有以易名母也。子之于学也，将有所不行乎？愿子之且以名母为后也。'今王之事秦，尚有可以易入朝者乎？愿王之有以易之，而以入朝为后。"魏王曰："子患寡人入而不出邪？许绾为我祝曰：'入而不出，请殉寡人以头。'"周䜣对曰："如臣之贱也，今人有谓臣曰'入不测之渊而必出，不出，请以一鼠首为女殉'者，臣必不为也。今秦不可知之国也，犹不测之渊也；而许绾之首，犹鼠首也。内王于不可知之秦，而殉王以鼠首，臣窃为王不取也。且无梁孰与无河内急？"王曰："梁急。""无梁孰与无身急？"王曰："身急。"曰："以三者，身，上也，河内，其下也。秦未索其下，而王效其上，可乎？"

王尚未听也。支期曰："王视楚王，楚王入秦，王以三乘先之；楚王不入，楚、魏为一，尚足以捍[1]秦。"王乃止。王谓支期曰："吾始已诺于应侯矣，今不行者欺之矣。"支期曰："王勿忧也。臣使长信侯请无内王，王待臣也。"

注释 <<<

①捍：抵抗。

②血溅君襟：言将被杀。

③伪病：装病。

支期说于长信侯曰："王命召相国。"长信侯曰："王何以臣为？"支期曰："臣不知也，王急召君。"长信侯曰："吾内王于秦者，宁以为秦邪？吾以为魏也。"支期曰："君无为魏计，君其自为计。且安死乎？安生乎？安穷乎？安贵乎？君其先自为计，后为魏计。"长信侯曰："楼公将入矣，臣今从。"支期曰："王急召君，君不行，血溅君襟[2]矣！"

长信侯行，支期随其后。且见王，支期先入，谓王曰："伪病[3]者乎而见之，臣已恐之矣。"长信侯入，见王，王曰："病甚奈何？吾始已诺于应侯矣，意虽道死，行乎？"长信侯曰："王毋行矣！臣能得之于应侯，愿王无忧。"

史纪风云

周赧王四十二年（公元前273年），秦军大败魏军，魏安僖王要到秦国去朝见秦王。

魏国大臣周䜣对魏安僖王说："从前，宋国有个人外出求学，三年后回到家中，竟直呼他母亲的名字了。母亲问他说：'你求学三年，为什么回来就直呼我的名字？'那人说：'我求学三年，知道尧舜是最贤明的人，但人们对尧舜都直呼其名；在万物中，没有比天地更伟大的了，但人们对天地都直呼其名。因此，我要直呼母亲的名字。'母亲说：'你在三年中所学的东西，如果不想全部实施，希望你不要直呼我的名字；如果想全部实施，就把直呼我名字这件事放在后面实施吧。'如今大王侍奉秦国，还有可以代替入朝称臣的办法吧？希望大王能有替换的办法，把入朝称臣的事放在以后去做。"魏王说："你担心寡人入秦之后就回不来了吗？许绾对我发誓说：'如果大王入秦回不来，请用臣的头

◎战国 镶嵌蟠螭纹扁壶◎

颇为大王殉葬。’”周䜣说：“我虽然很卑贱，但如果有人对我说：‘请你跳入万丈深渊，一定还能出来的。如果不能出来，我愿用老鼠的脑袋为你殉葬。’我一定不干。秦国是个不可捉摸的国家，犹如深不可测的深渊；而许绾的头，犹如老鼠的脑袋。让大王陷入不可捉摸的秦国，而竟用一个老鼠脑袋来殉葬，我认为大王不应该这样做。”魏王听不进去，还是要去秦国。周䜣问道：“请问大王，失去河内和失去大梁相比，哪个更要紧？”魏王说：“失去大梁更要紧。”周䜣又问：“失去大梁和失去性命相比，哪个更要紧？”魏王说：“失去性命更要紧。”周䜣说：“这三个比较起来，性命是最重要的，河内是最次要的。秦国还没有索取最次要的，大王却要送上最重要的。大王应该这样做吗？”魏王还是不听。

这时，支期上前谏道：“大王还是看看楚王吧。如果楚王入秦称臣，大王就抢在他的前面。如果楚王不入秦称臣，我们和楚国联合起来，还是可以对付秦国的。”魏王听取了他的建议，但又说：“我已经答应秦相范雎了，如果不去秦国，岂不失信了？”支期说：“大王不必担心，臣去同长信侯讲，让他同范雎交涉。”长信侯是魏相，同范雎交情很深。

支期见了长信侯，对他说：“大王召见你。”长信侯问道：“大王召我何事？”支期说：“臣不知道。”

长信侯来见魏王，魏王早已按照支期的安排装成病重的样子了。魏王对长信侯说：“我早已答应秦相入秦了，但突然病成这个样子，如何是好啊？”长信侯说：“大王放心，臣会和范雎讲的，大王就不要去了。”这样，魏王便没有入秦称臣。

◎战国前期　燕乐狩猎水陆攻战纹壶◎

容酒器，侈口，敛颈。鼓腹，矮圈足。

成语典故

不测之渊

无法测量的深潭。比喻极危险的地方。

魏策三

抱薪救火

阅读提示

国家之间的战争，有硝烟弥漫的正面战场，也有外交战线上不见刀枪的战场。在外交上，要坚持原则，不能把敌方用武力得不到的土地拱手相送。割地求和，等于抱薪救火，只有坚持斗争到底，才是可行的办法。

原文

华军之战，魏不胜秦。明年，将使段干崇割地而讲。孙臣谓魏王曰："魏不以败之上割，可谓善用不胜矣。而秦不以胜之上割，可谓不能用胜矣。今处期年[1]乃欲割，是群臣之私而王不知也。且夫欲玺者段干子也，王因使之割地；欲地者秦也，而王因使之受玺。夫欲玺者制[2]地，而欲地者制玺，其势必无魏矣。且夫奸臣固皆欲以地事秦，以地事秦譬犹抱薪而救火也。薪不尽，则火不止。今王之地有尽，而秦之求无穷，是薪火之说也。"

魏王曰："善。虽然，吾已许秦矣，不可以革也。"对曰："王独[3]不见夫博者之用枭邪？欲食则食，欲握则握[4]。今君劫于群臣而许秦，因曰'不可革'，何用智之不若枭也？"魏王曰："善。"乃按其行。

注释 <<<

①期（jī）年：一周年。

②制：控制，掌握。

③独：难道。

④握：不吃子，即不行棋。

◎战国后期 四连鼎◎

饪食器，四鼎腹部相连，均为圆拱形盖，盖中心置钮。腹部有六附耳。盖面饰弦纹和三牲钮。足上端饰兽面纹，中部活页内折，撑起鼎身，此新巧形制极少见。

史纪风云

周赧王四十二年（公元前273年），魏军在华阳被秦军打败。第二年，魏安僖王打算派大臣段干崇到秦国去献地求和。

这时，大臣孙臣对魏王说：“大王，当初魏国没有在战败之初割地，可谓善于应付战败的局面了；秦国没有在战胜之时索地，可谓不善于利用战胜的时机了。现在，有人鼓动大王割地求和，这是在谋求私利。段干崇献上咱们的土地，便可以从秦王手中得到官印。再说，我们用割地来求和，就像抱薪救火一样，薪不尽，火不止；地不割光，索求不止。等地割光了，国家也就灭亡了。”魏王说：“你说得是很在理，但寡人已经答应秦国了，是不可以更改的。”孙臣说：“大王难道没见过赌博者掷枭吗？想吃子就掷出枭，不想吃子就把枭握在手里。现在，大王在群臣的胁迫下答应了秦国，便说‘不可以更改’，难道大王还不如手握枭子的赌博者吗？”魏王说：“讲得好！”说完，马上下令取消了段干崇的出使任务。

魏策三

宝璧和骏马

阅读提示

淳于髡巧舌如簧，不仅改变了齐国的进兵方略，而且也改变了齐王对他受贿一事的看法。事实本身不能言说自己，只有人的语言给事实以不同的解释和说明。只要学会解释，任何事实的意义都会变得对你有利。

原文

齐欲伐魏，魏使人谓淳于髡曰："齐欲伐魏，能解魏患唯先生也。敝邑有宝璧二双，文马[①]二驷，请致之先生。"淳于髡曰："诺。"入说齐王曰："楚，齐之仇敌也；魏，齐之与国也。夫伐与国，使仇敌制其余敝，名丑而实危，为王弗取也。"齐王曰："善。"乃不伐魏。

客谓齐王曰："淳于髡言不伐魏者，受魏之璧马也。"王以谓淳于髡曰："闻先生受魏之璧马，有诸？"曰："有之。""然则先生之为寡人计之，何如？"淳于髡曰："伐魏之事不便，魏虽刺髡，于王何益？若诚不便，魏虽封髡，于王何损？且夫王无伐与国之诽，魏无见亡之危，百姓无被兵[②]之患，髡有璧马之宝，于王何伤乎？"

注释 <<<

①文马：毛色有文采的马。

②被兵：遭受战祸。

史纪风云

淳于髡是齐国稷下学士，博学善辩，幽默滑稽，曾多次为齐威王和齐宣王出使诸侯，每次都能不辱使命。

这一年，齐国想要攻打魏国，魏王派人送给淳于髡宝璧两对、骏马八匹，求他说："齐王要攻打我们魏国，能救魏国的只有先生了。这里有宝璧两对、骏马八匹，特地

◎战国时期铜剑、木鞘◎

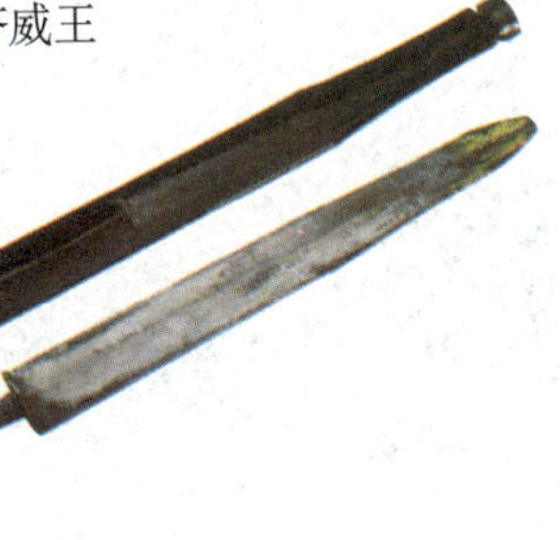

献给先生。”淳于髡收下礼物，对来人说：“行，我可以帮忙。”

淳于髡上殿见齐王说：“楚国是齐国的仇敌，魏国是齐国的友邦。现在，大王攻打友邦，敌国会趁我军疲惫之时来打我国，这样做名声不好，也很危险，臣认为不能这样做。”齐王说：“那好，寡人听你的，不伐魏了。”

有人对齐王说：“淳于髡劝大王不打魏国，是因为他接受了魏国的宝璧和骏马。”齐王听了，召见淳于髡，问道：“听说你接受了魏国的重礼，有这事吗？”淳于髡回答说：“有啊。”魏王说：“这么说，你不让寡人伐魏，不是为寡人着想啊！”淳于髡回答说：“大王，如果伐魏对国家有利，就是杀了我，对齐国何益？如果伐魏对国家不利，魏国就是封赏我，对齐国何损？再说，不伐魏国，可以避免大王攻打友邦的恶名，魏国避免了亡国之危，百姓避免了兵革之患，我虽然得了礼物，对大王何伤啊？”齐王听了这话，便没有怪罪淳于髡。

魏策四

蛇腰

阅读提示

战国说客最善于运用的说话技巧就是类比与典故。用类比非常形象，不需要牵涉一堆地缘政治学理论，直接说明问题。用典故也是非常直接，用相同处境下的古人处理事务的成功案例，作出示范和引导，不言而喻地说服对方应该如何处理问题。我们在说话前要多花时间考虑如何说话，多在自然界、社会历史当中寻找有利于我们说话的现象和事例，然后加以运用，会收到奇效。

原文

（阙文）献书秦王曰："昔窃闻大王之谋出事于梁，谋恐不出于计矣，愿大王之熟计之也。梁者，山东之要[1]也。有蛇于此，击其尾，其首救；击其首，其尾救；击其中身，首尾皆救。今梁王，天下之中身也。秦攻梁者，是示天下要断山东之脊也，是山东首尾皆救中身之时也。山东见亡，必恐，恐必大合。山东尚强，臣见秦之必大忧可立而待也。臣窃为大王计，不如南出事于南方[2]。其兵弱，天下必能救，地可广大，国可富，兵可强，主可尊。王不闻汤之伐桀乎？试之弱密须氏以为武教，得密须氏而汤之服桀矣。今秦国与山东为雠，不先以弱为武教，兵必大挫，国必大忧。"秦果南攻蓝田、鄢郢。

注释 <<<

①要（yāo）：人体的中部，后来写作"腰"。

②南方：指楚国。

◎战国 虎噬牛铜啄◎

整体似有长啄的鸟头，銎横置于刃部之上，与刃部呈十字交叉状，銎背上雕铸虎噬牛场面。啄刃又长又尖，使用时可像铜戈一样钩杀，是滇国特有的兵器。

史纪风云

周赧王三十六年（公元前279年），秦王要发兵攻打魏国，有人上书秦王说："听说大王要发兵攻打魏国，这恐怕失策了，请大王三思啊。魏国是东方六国的腰，正像一条蛇，你击它的尾部，头部会来救的；你击它的头部，尾部会来救的；你击它的腰部，头部和尾部都会来救的。秦国进攻魏国，是向天下表示要斩断天下的脊梁，因此天下各国都会来救的。东方各国看见自己要灭亡了，必然恐惧，恐惧就必然联合。东方各国还很强大，如果硬要进攻魏国，秦国就危险了。为大王着想，不如南攻楚国。楚国兵力很弱，诸侯们也不能救它。南攻楚国可以扩地，可以富国强兵，可以使大王威名远扬。大王没听说过商汤伐夏桀的事吗？他是通过先伐弱小的昆吾来练兵，然后才出兵攻灭夏桀的。如果大王与东方各国为敌，不先通过伐楚来练兵，出兵必然大败，国家也会陷入困境的。”

秦王看完这封信，便改变策略，出兵伐楚了。

南辕北辙

阅读提示

南辕北辙的故事，形象地说明了魏王的行动与自己的目的背道而驰的道理。我们无论做什么事，必须要确定一个大的方向。方向对了，就向成功走得更近，方向不对，南辕北辙，就会遇到更多的问题，走向失败。

原文

魏王欲攻邯郸。季梁闻之，中道而反，衣焦[①]不申，头尘不去，往见王曰："今者臣来，见人于大行，方北面而持其驾，告臣曰：'我欲之楚。'臣曰：'君之楚，将奚为北面？'曰：'吾马良。'臣曰：'马虽良，此非楚之路也。'曰：'吾用[②]多。'臣曰：'用虽多，此非楚之路也。'曰：'吾御者善。'此数者愈善，而离楚愈远耳。今王动欲成霸王，举欲信于天下，恃王国之大，兵之精锐，而攻邯郸，以广地尊名，王之动愈数[③]，而离王愈远耳。犹至楚而北行也。"

注释 <<<

①焦：卷曲。

②用：资财，路费。

③数（shuò）：频繁。

史纪风云

周显王十五年（公元前354年），魏惠王要攻打赵国的都城邯郸。大臣季梁听说后，从半路上返回来，衣服皱了也没有抻一抻，头上的尘土也没有掸一掸，急忙去见魏王说："今天臣来见大王，在路上遇到一个人，正驾车向北面走，对臣说：'我要到楚国去。'我说：'你到楚国去，为什么往北走啊？'那人说：'我的马好。'臣说：'你的马虽然好，但这不是去楚国的路啊！'那人说：'我的盘缠多。'臣说：'你的盘缠虽然多，但这不是去楚国的路啊！'那人说：'我的车夫技艺高。'大王，这个人的马越好，盘缠越多，车夫技艺越高，他离楚国就越远了。现在，大王要成就霸业，想取信于天下，但却仗着国家强大，部队精锐，要去攻打邯郸，好扩地扬名。大王这样做的次数越多，离霸业也就越远了，就像到楚国去而往北走一样。"

魏策四 唐雎使秦

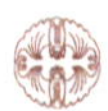

阅读提示

秦王想通过威势用五百里土地强行与安陵君交换安陵。唐雎临危受命，只身入秦，面对秦国强大的军事压力，威武不屈，力挽狂澜，完成了使命，可见唐雎的大智大勇。唐雎的浩然正气、慷慨陈词使他流芳百世。

原文

秦王使人谓安陵君曰："寡人欲以五百里之地易安陵，安陵君其许寡人？"安陵君曰："大王加惠，以大易小，甚善。虽然，受地于先生，愿终守之，弗敢易。"秦王不说，安陵君因使唐雎使于秦。秦王谓唐雎曰："寡人以五百里之地易安陵，安陵君不听寡人，何也？且秦灭韩亡魏，而君以五十里之地存者，以君为长者，故不错意[①]也。今吾以十倍之地请广于君，而君逆寡人者，轻寡人与？"唐雎对曰："否，非若是也。安陵君受地于先生而守之，虽千里不敢易也，岂直[②]五百里哉？"秦王怫然怒，谓唐雎曰："公亦尝闻天子之怒乎？"唐雎对曰："臣未尝闻也。"秦王曰："天子之怒，伏尸百万，流血千里。"唐雎曰："大王尝闻布衣之怒乎？"秦王曰："布衣之怒，亦免冠徒跣[③]，以头抢地尔。"唐雎曰："此庸夫之怒也，非士之怒也。夫专诸之刺王僚也，彗星袭月；聂政之刺韩傀也，白虹贯日；要离之刺庆忌也，仓鹰击于殿上。此三子者，皆布衣之士也，怀怒未发，休祲[④]降于天，与臣而将四矣。若士必怒，伏尸二人，流血五步，天下缟素，今日是也。"挺剑而起。秦王色挠，长跪而谢之，曰："先生坐，何至于此，寡人谕矣。夫韩、魏灭亡，而安陵以五十里之地存者，徒以有先生也。"

注释 <<<

①错意：放在心上。错，后来写作"措"。

②直：只。

③徒跣（xiǎn）：光着脚。

④休祲（jìn）：偏义复词，指凶兆。

史纪风云

秦王攻灭韩、魏两国之后，魏国的属国安陵仍然立国不倒。这时，秦王派使者对安陵君传达他的话说：“寡人愿意用五百里土地换安陵，安陵君答应寡人吧。”安陵君回答说：“大王加恩，以大换小，太好了。但是，此地得自先王，愿终身守之，不敢换啊。”使者回报，秦王不悦。于是，安陵君派唐雎出使秦国。

秦王见唐雎来了，便对他说：“寡人用五百里土地换安陵，而安陵君不同意，这是为什么呢？再说，韩、魏两国灭亡之后，安陵君能够以五十里之地立国不倒，是因为寡人认为安陵君是个长者，所以才没有打他的主意。现在，寡人用十倍之地换安陵，而安陵君竟然不答应，这是轻视寡人吧？”唐雎回答说：“不，不是这样的。安陵君守着先王留下的土地，就是用千里之地来换他也不干，何况五百里了。”秦王听了这话，愤然作色说：“先生曾听说过天子之怒吗？”唐雎说：“没听说过。”秦王说：“天子一怒，伏尸百万，流血千里。”唐雎问道：“大王听说过平民之怒吗？”秦王说：“平民之怒，不过是摔掉帽子踢掉鞋，以头抢地而已。”唐雎说：“这不过是庸夫之怒，并非士人之怒。当年，专诸刺王僚时，彗星袭月；聂政刺韩傀时，白虹贯日；要离刺庆忌时，苍鹰击殿。这三个壮士都是平民，如今加上我，正好是四个人了。如果我现在发怒，将会倒下咱们两个人，血虽然只流在五步之内，但天下都会穿上丧服的。”说完，拔出宝剑，站了起来。秦王一见吓坏了，脸色大变，忙挺起身子谢罪说：“先生快坐下，何必如此？寡人现在明白了，韩、魏两国已经灭亡，而安陵能以五十里之地独存于世，就是因为有先生在啊。”

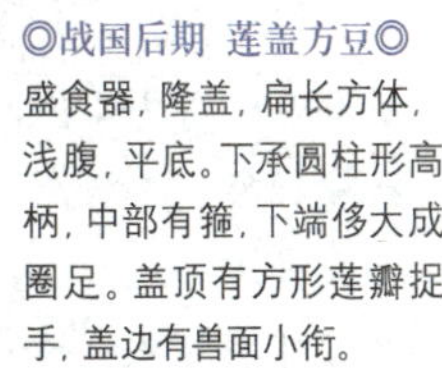

◎战国后期 莲盖方豆◎
盛食器，隆盖，扁长方体，浅腹，平底。下承圆柱形高柄，中部有箍，下端侈大成圈足。盖顶有方形莲瓣捉手，盖边有兽面小衔。

韩策一 申不害请官

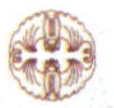

阅读提示

韩昭侯是战国变法图强的明君之一。他对付申不害的徇私谋官行为，来了个“以牙还牙”的自相矛盾的反驳法。用他自己的主张，批驳他自己的行为。这一招非常有效，会使对方哑口无言。无论是政界还是商界，论功赏赐升迁是最为合理的，不然何以发展壮大，何以杜绝腐败和贪污。

原文

申子请仕其从兄①官，昭侯不许也。申子有怨色。昭侯曰：“非所谓学于子者也。听子之谒而废子之道乎？又亡其②行子之术而废子之谒乎？子尝教寡人循功劳，视次第，今有所求，此我将奚听乎？”申子乃辟舍请罪曰：“君真其人也！”

注释 <<< ①从兄：堂兄。 ②亡（wú）其：还是。

史纪风云

周显王十四年（公元前355年），韩昭侯起用申不害担任相国，实行政治改革。在申不害当权时期，韩国大治，社会稳定，国力大增，诸侯都不敢来侵犯了。

有一天，申不害请求韩昭侯封他的堂兄做官，韩昭侯没有答应，申不害不禁面露怨色。韩昭侯见状，对申不害说：“这难道不是我从你那里学的吗?寡人是听从你的请求而抛弃你的主张，还是坚持你的主张而拒绝你的请求呢？你曾经教导寡人根据功劳的大小安排官吏的等级，而你今日为堂兄求官，我听从哪种意见好呢？”申不害听了韩昭侯一席话，猛然醒悟，忙离开坐席谢罪说：“臣有罪，主公真是贤君啊。”

历代名家点评

金圣叹：俊绝、宕绝、峭绝、快绝之文。

高塘：凛凛有生气，读之快意，不必论其事之有无。

※知识链接※

申不害研究术，有正面的领导控制方法，也有阴谋诡计，我们现在不能说他是否道德，但可以说，他的思想和研究是可以启迪后人的。

韩策二

秦师救韩

阅读提示

秦国本想在救助韩国前捞到土地等众多好处，但让张翠的巧妙说辞和毫不低三下四的姿态所迷惑，终于无条件地出兵援韩。现实人情世故，也大都如此。用求情、唤醒对方同情心的手段很难奏效，采取否定的、威胁的、惩罚的方式以重大利益损失来胁迫，更容易使应该帮你的人就范。

原文

楚围雍氏五月。韩令使者求救于秦，冠盖相望也，秦师不下崤。韩又令尚靳使秦，谓秦王曰：“韩之于秦也，居[①]为隐蔽，出为雁行[②]。今韩已病[③]矣，秦师不下崤。臣闻之：唇揭者其齿寒，愿大王之熟计之。”宣太后曰：“使者来者众矣，独尚子之言是。”召尚子入。宣太后谓尚子曰：“妾事先王也，先王以其髀加妾之身，妾困不疲也。尽置其身妾之上，而妾弗重也。何也？以其少有利焉。今佐韩，兵不众，粮不多，则不足以救韩。夫救韩之危，日费千金，独不可使妾少有利焉？”

尚靳归书报韩王，韩王遣张翠。张翠称病，日行一县。张翠至，甘茂曰：“韩急矣，先生病而来。”张翠曰：“韩未急也，且急矣。”甘茂曰：“秦重国知王也，韩之急缓莫不知。今先生言不急，可乎？”张翠曰：“韩急则折而入于楚矣，臣安敢来？”甘茂曰：“先生毋复言也。”

甘茂入言秦王曰：“公仲柄得秦师，故敢捍楚。今雍氏围而秦师不下崤，是无韩也。公仲且抑首而不朝，公叔且以国南合于楚。楚、韩为一，魏氏不敢不听，是楚以三国谋秦也。如此，则伐秦之形成矣。不识坐而待伐孰与伐人之利？”秦王曰：“善。”果下师于崤以救韩。

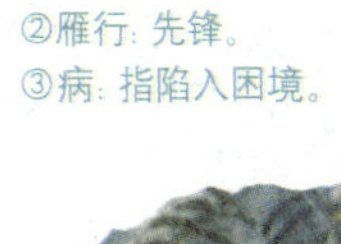

注释 <<<

①居：平时，无战事时。
②雁行：先锋。
③病：指陷入困境。

史纪风云

周赧王八年（公元前307年），楚军围攻韩国雍氏城已经五个月了。

当时，秦国和韩国是盟国，韩襄王向秦昭襄王求救的使者络绎不绝，但秦军一直不肯下崤山相救。

这天，韩王又派大臣尚靳出使秦国，对秦王说："韩国对秦国来说，平时是屏障，出征时是先锋。现在，韩国危急，秦军却不下崤山救援。常言道：'豁唇的人牙齿寒。'请大王想想历代唇亡齿寒的教训吧。"秦王的母亲宣太后说："韩国使者来得多了，只有尚靳说得是。"便召见尚靳说："妾服事先王的时候，先王把他的大腿压在妾的身上时，妾实在受不了。但当他把身子全压在妾的身上时，妾却不感到重。这是为什么呢，因为有好处啊。现在，你来求救，如果粮少兵寡，便不能救韩。要想救韩，是要日费千金的。难道不能让妾得些好处吗？"尚靳回答说："那好，臣一定归报韩王。"

尚靳回到韩国，如实向韩王做了汇报，韩王忙改派张翠前往秦国。张翠上路后，推说有病，一天只走一个县的路程。

张翠到秦国后，甘茂问道："先生抱病而来，韩国一定危急了。"张翠说："尚未危急，将要危急了。"甘茂说："秦国君明臣贤，对韩国的缓急无所不知，对韩国的安危了如指掌。现在，先生说韩国不危急，怎么可能呢？"张翠回答说："如果韩国危急，就投向楚国了，臣哪还敢来啊？"甘茂说："先生不用说了，我明白了。"

甘茂入宫对秦王说："韩国公仲掌权，因有秦军，所以敢于抵抗楚军。如今雍氏城被楚军围攻，而秦军不下崤山救援，长此下去会失掉韩国的。韩国和楚国联合后，魏国也一定加入他们的联盟。那时，就是三国联合起来对付我们秦国了。我们与其坐而待伐，还不如现在去伐别人。"秦王说："讲得好。"于是，命令秦军出崤山救援韩国。

◎战国前期 尊◎

工艺品，尊与盘合为一器，上尊下盘，亦可分置。喇叭形口，长颈，鼓腹，高圈足。口沿有透空蟠虺纹装饰。颈部周围有四条吐舌伏兽，形似龙，腹部和圈足均有立体盘龙装饰，纠结繁密，莫可形况，为用失蜡法及焊等多种技巧铸成。

史舍献计

阅读提示

对狗温柔舒缓，再凶猛的狗也不会咬人；对人温柔舒缓，人也就不会有强烈的改变。史舍用“狗事”喻人事，聪明之中带有幽默，让人叹服之后还可玩味。这种类比的说服方法，经常会起到立竿见影的效果。

原文

齐令周最使郑，立韩扰而废公叔。周最患之，曰：“公叔之与周君，交也。令我使郑，立韩扰而废公叔，语曰：‘怒于室者色于市。’今公叔怨齐，无奈何也，必周君而深怨我矣。”史舍曰：“公行矣，请令公叔必重公。”

周最行，至郑，公叔大怒。史舍入见，曰：“周最固不欲来使，臣窃强之。周最不欲来，以为公也；臣之强之也，亦以为公也。”公叔曰：“请闻其说。”对曰：“齐大夫诸子有犬，犬猛，不可叱[①]，叱之必噬人。客有请叱之者，疾视而徐叱之，犬不动；复叱之，犬遂无噬[②]人之心。今周最固[③]得事足下，而以不得已之故来使，彼将礼陈其辞而缓其言。郑王必以齐王为不急，必不许也。今周最不来，他人必来。来使者无交于公，而欲德于韩扰，其使之必疾，言之必急，则郑王必许之矣。”公叔曰：“善。”遂重周最。王果不许韩扰。

注释 <<<

①叱（chì）：大声呵斥。

②噬（shì）：咬。

③固：通“故”，旧时，先前。

◎战国 玛瑙雕云纹勒◎

史纪风云

齐王对韩国相国公叔不满，让周最出使韩国，废掉公叔，另立韩扰为相国。周最很有才能，本是西周武公的公子，现在在齐国做官。

周最接到这个使命后，十分忧虑，对副使史舍说：“公叔与周君是至交，现在齐王让我出使韩国，立韩扰而废公叔，实在让我为难。常言道：‘跟家里人生气，对街上人发火。’公叔一旦被废，对齐国无可奈何，但对周君和我就不同了，一定和周君断交，并深恨于我的。”史舍对周最说：“放心去吧，我一定让公叔敬重你。”

周最上路，到了韩国，公叔顿时大怒，史舍进见公叔说：“相国息怒，周最本不愿意来，是我逼他来的。其实，周最不想来，是为了你；我强迫他来，也是为了你。”公叔说：“这话是什么意思？”史舍说：“有个齐国大夫的儿子养了一条狗，那条狗十分凶猛。有人来时，主人不能呵斥它。如果呵斥它，它会冲上去咬人的。一天，来了一个客人，对主人说：‘听说你的狗一呵斥就咬人，请呵斥一下试试。’主人飞快地向狗扫了一眼，然后慢慢地呵斥，狗听了并不动；主人又呵斥一声，狗竟没有冲上去咬人。周最本来在大人手下做过事，现在奉了齐王之命，不得已而前来出使。但他见了韩王，会以礼陈辞，慢慢地讲话的。这样，韩王会认为齐王的要求并不急迫，一定不会答应的。如果周最不来，齐王一定会派别人来。别人和大人没有交情，为了讨好韩扰，办事一定尽力，说话一定急切，那样韩王就一定会答应。”公叔一听，忙说：“说得对。”于是厚待周最。

◎战国　四鸟扁足方鼎◎
西周前期，饪食器。为方鼎中的异形，垂耳，浅直腹，四扁足。四隅边源上各立一凫。首皆内向。足为张口卷尾的龙形。

周最慢腾腾地执行使命，见了韩王，讲话一点也不急。韩王听了，果然没有改立韩扰为相。

聂政刺韩傀

阅读提示

本文讲述了聂政刺杀韩傀的故事。战国游侠的故事让人荡气回肠，感慨万千。他们看重人的精神价值，看重名誉气节、大道教义。只可惜现代社会越来越重视物质标准，将人生的意义与物质财富联系起来，如此的人生观与古人相比真有点自惭形秽。

原文

韩傀相韩，严遂重于君，二人相害[①]也。严遂政议直指，举韩傀之过。韩傀以之叱之于朝。严遂拔剑趋之，以救解。于是严遂惧诛，亡去，游求人可以报韩傀者。

至齐，齐人或言："轵深井里聂政，勇敢士也，避仇隐于屠者之间。"严遂阴交于聂政，以意厚之。聂政问曰："子欲安用我乎？"严遂曰："吾得为役之日浅，事今薄[②]，奚敢有请？"于是严遂乃具酒觞聂政母前，仲子奉黄金百镒前为聂政母寿。聂政惊，愈怪其厚，固谢严仲子。仲子固进，而聂政谢曰："臣有老母，家贫，客游以为狗屠，可旦夕得甘脆以养亲。亲供养备，义不敢当仲子之赐。"严仲子辟人，因为聂政语曰："臣有仇，而行游诸侯众矣，然至齐，闻足下义甚高，故直进百金者，特以为夫人粗粝之费，以交足下之欢，岂敢以有求邪？"聂政曰："臣所以降志辱身居市井者，徒幸而养老母。老母在，政身未敢以许人也。"严仲子固让，聂政竟不肯受。然仲子卒备宾主之礼而去。

久之，聂政母死，既葬，除服。聂政曰："嗟乎！政乃市井之人，鼓刀以屠，而严仲子乃诸侯之卿相也，不远千里，枉车骑而交臣，臣之所以待之，至浅鲜矣，未

注释 <<<

①害：伤害，倾轧。
②薄：急，紧迫。
③天年：人的自然寿命。
④莫：没有人。
⑤殆：危险。
⑥皮面：剥去脸皮。

有大功可以称者，而严仲子举百金为亲寿，我虽不受，然是深知政也。夫贤者以感忿睚眦之意，而亲信穷僻之人，而政独安可嘿然而止乎？且前日要政，政徒以老母。老母今以天年[3]终，政将为知己者用。”遂西至濮阳，见严仲子曰：“前所以不许仲子者，徒以亲在。今亲不幸，仲子所欲报仇者为谁？”严仲子具告曰：“臣之仇韩相傀。傀又韩君之季父也，宗族盛，兵卫设，臣使人刺之，终莫[4]能就。今足下幸而不弃，请益具车骑壮士以为羽翼。”政曰：“韩与卫中间不远，今杀人之相，相又国君之亲，此其势不可以多人。多人不能无生得失，生得失则语泄，语泄则韩举国而与仲子为仇也，岂不殆[5]哉！”遂谢车骑人徒，辞，独行仗剑至韩。

韩适有东孟之会，韩王及相皆在焉，持兵戟而卫者甚众。聂政直入，上阶刺韩傀。韩傀走而抱哀侯，聂政刺之，兼中哀侯，左右大乱。聂政大呼，所杀者数十人。因自皮面[6]抉眼，自屠出肠，遂以死。韩取聂政尸于市，县购之千金。久之，莫知谁子。

政姊闻之，曰：“弟至贤，不可爱妾之躯，灭吾弟之名，非弟意也。”乃之韩，视之曰：“勇哉，气矜之隆。是其轶贲、育而高成荆矣。今死而无名，父母既殁矣，兄弟无有，此为我故也。夫爱身不扬弟之名，吾不忍也。”乃抱尸而哭之，曰：“此吾弟轵深井里聂政也。”亦自杀于尸下。

晋、楚、齐、卫闻之，曰：“非独政之能，乃其姊者亦列女也。”聂政之所以名施于后世者，其姊不避菹醢之诛以扬其名也。

 史纪风云

韩傀担任韩国相国时，大臣严遂深受韩王宠信，两人因争宠互相倾轧起来。

有一天，严遂在朝廷上当面指责韩傀的过失，韩傀大怒，高声喝斥他。严遂气不过，拔剑冲向韩傀，被大家劝开了。事后，严遂害怕被杀，逃出韩国，到处寻找为他报仇的人。

这天，他来到齐国，听齐国人说，轵邑深井里的聂政是个壮士，因躲避仇人藏在屠户中间做了屠户。于是，严遂便暗中和聂政交往，以诚意厚待他。聂政问严遂说："你想用我做什么呢？"严遂说："我为你效劳的日子尚浅，怎敢求你呢？"说完，严遂备好酒菜，搬到聂政母亲面前，请母子俩享用，并向聂政母亲献上百镒黄金。聂政吃了一惊，觉得这礼太重，不肯收下。严遂仍然坚持赠金，聂政说："我虽有老母，家中贫困，但我以屠狗为业，母亲过得还可以，实在不敢受赐啊。"严遂避开别人对聂政说："我有个仇人，为了躲避他，我到过好多国家。直到来到齐国，才听说足下极重义气，所以才献上百镒黄金，作为你母亲的衣食费用。我这样做，为的是结交足下，哪敢有什么请求啊？"聂政说："我忍辱呆在市井里，只求奉养老母。只要老母活着，我是不能以身许人的。"严遂仍然坚持赠金，聂政说什么也没有收。严遂尽了宾主之礼，然后才回去。

◎战国后期 鼎形灯◎

照明用具。器呈鼎形，双附耳，三蹄足。耳侧有键槽，两侧穿孔，中贯铁柱。双键一端销于耳上，键中部弯曲成半圆，合之成圆环，扣住顶托，其两端上翘各为半圆，可合为上小下大的圆柱体。

过了很久，聂政的母亲死了。将母亲埋葬后，聂政守孝三年，才脱掉丧服。这时，聂政说："唉！我聂政不过是个市井平民，只知操刀杀狗，而严遂是诸侯的卿相，竟然不远千里，降低身份来和我结交。我没有为他做什么，他却拿出百镒黄金献给我母亲。我虽然未收下，但他毕竟深知我啊。他是个大贤人，为了报仇，肯来结交穷乡僻壤的小民，我怎能默不作声呢？况且老母已经不在，我要为知己者出力了。"

于是，聂政来到濮阳(卫国故地)，找到严遂说："从前，我因有老母在世，未能为你报仇。现在，母亲不幸去世，我已毫无牵挂了。请你告诉我，你的仇人是谁？"严遂说：

"我的仇人是韩傀，他是韩国的相国，韩王的叔父。他家族庞大，卫兵众多，我曾多次派人刺杀他，都未成功。现在有幸得壮士相助，我多给你派些人吧。"聂政说："韩国离卫国不远，韩傀是相国，还是国王的亲戚，这事不能兴师动众。人多容易泄露机密，那时你就危险了。"韩遂说："那你可要多加保重啊！"聂政说："你放心，我一定会为你报仇的。"

聂政来到韩国都城，正赶上韩国在东孟举行大会，韩王和韩傀都参加了。会上护卫森严，聂政趁人多杂乱之时混入人群，上阶拔剑直刺韩傀。韩傀一见，吓得跳了起来，跑过去抱住韩王。聂政冲上去一剑刺下，连韩王一起都刺中了。顿时，在场的人都吓慌了。聂政大声喊道："杀啊！"竟挥剑杀了数十人。见左右的人都跑光了，聂政用剑刮破了脸，剜出眼睛，剖腹而死。

事后，韩国把聂政的尸体陈列在街市上，悬赏千金，求人辨认刺客的身份。过了很久，也不知刺客是谁。

聂政的姐姐听说后，心想："弟弟是个贤人，最讲义气，我不能因为怕死而不让他留名千古啊。"于是，她直奔韩国，抱着聂政的尸体痛哭道："这是我弟弟——齐国轵邑深井里的聂政啊！"说完，自杀而死。

◎战国后期　楚王熊肯铊鼎◎

韩策三

美女

阅读提示

韩国讨好秦国的方法可谓南辕北辙，不仅人财两空，而且最初的目的也没有达到。处在现代社会中的我们，谋划事情时一定要考虑事情的负效，要算计成本和收益。不仅经济活动中要考虑成本收益问题，其他事情都要有这种计算、权衡。如果一件事情的成本远大于收益，那么这个事情最好还是不要做。

原文

秦，大国也；韩，小国也。韩甚疏秦，然而见亲秦，计之，非金无以也，故卖美人[①]。美人之贾贵，诸侯不能买，故秦买之三千金。韩因以其金事秦，秦反得其金与韩之美人。韩之美人因言于秦曰："韩甚疏秦。"从是观之，韩亡美人与金，其疏秦乃始益明。故客有说韩者曰："不如止淫用[②]，以是为金以事秦，是金必行，而韩之疏秦不明。美人知内行[③]者也，故善为计者，不见内行。"

注释<<<

①美人：指韩王之妾。

②淫用：过分的费用。

③内行（xíng）：隐秘的事。

史纪风云

秦国是大国，韩国是小国。韩国为了讨好秦国，觉得只有多多献上黄金。

为了得到黄金，韩国只得卖美女。但美女的价钱太贵，诸侯买不起，只有秦国能买得起，一个美女售价三千镒黄金。

韩国卖了美女，得了黄金，便用这些黄金献给秦国。这样，秦国既得了美女，又得了黄金。韩国的美女到了秦国，把韩国的内情都告诉秦国了。

久之，韩国人知道了这个情况，便对韩王说："大王，不要把美女卖给秦国了，她们有意无意地把咱们的内情都泄露给秦国了。大王不如节约开支，用节约下来的钱侍奉秦国。这样，我们的内情就不会外泄了。"

于是，韩王不再卖美女了。

韩策三

马缰

阅读提示

段干越人通过马跑千里与缰绳拉得太长的关系的言说，指出如果不重用自己，秦国就不会有大的发展。他充分运用了类比的方法，避免了直接自荐的鲁莽和直白，曲折形象地说出了自己的心中所想，完全达到了预期的效果。

原文

段干越人谓新城君曰："王良之弟子驾云取千里马，遇造父之弟子，造父之弟子曰：'马不千里。'王良弟子曰：'马，千里之马也；服①，千里之服也。而不能取千里，何也？'曰：'子缪牵②长。'故缪牵于事，万分之一也，而难千里之行。今臣虽不肖，于秦亦万分之一也，而相国见臣不释塞者，是缪牵长也。"

注释<<<

①服：驾辕的马。

②缪（mò）牵：马缰绳。

史纪风云

秦昭王的母亲是楚国人，他的舅舅芈戎因是王亲，被秦昭王封为新城君，极受秦昭王的信任，官至相国，在朝中举足轻重，掌握着秦国的实权。

段干越人是魏国人，到秦国来做官，新城君不喜欢他。有一天，段干越人对新城君说："当年，赵简子的车夫王良是驾车圣手。一天，他的弟子驾着千里马正在奔驰时，遇到了驾车神手造父的弟子。造父的弟子对王良的弟子说：'你驾的虽然是千里马，但却不能日行千里。'王良的弟子说：'不对！我驾的这辆车，中间驾辕的两匹马是千里马，两边拉套的两匹马也是千里马，怎会不能日行千里呢？'造父的弟子说：'你驾的虽是千里马，但马缰太长了。'马缰对于驾车的速度，能有万分之一的影响。现在，我虽然不才，但对秦国也会有万分之一的影响。而相国见到我却不高兴，恐怕相国驾的秦国这辆大车，马缰会长吧？"新城君听了，笑了笑说："那好吧，我就将马缰紧一紧吧。"从此，他改变了对段干越人的态度。

燕策一 苏秦说齐王

阅读提示

苏秦刚开始就以念悼词先声夺人，紧紧地抓住了齐王的心；然后剖析了秦、齐、燕三国之间的利益关系；最后苏秦据古论今、旁征博引，指出归还十座城市才会转祸为福。论证非常有力，给论辩内容增加了一种历史的厚重感。把这种历史智慧自如地运用和贯通于论辩中，给人一种不可抗拒的说服力。

原文

燕文公时，秦惠王以其女为燕太子妇。文公卒，易王立，齐宣王因燕丧攻之，取十城。武安君苏秦为燕说齐王，再拜而贺，因仰而吊。齐王桉戈而却曰："此一何庆吊相随之速也？"

对曰："人之饥所以不食乌喙[①]者，以为虽偷充腹，而与死同患也。今燕虽弱小，强秦之少婿也。王利其十城，而深与强秦为仇。今使弱燕为雁行，而强秦制其后，以招天下之精兵，此食乌喙之类也。"齐王曰："然则奈何？"

对曰："圣人之制事也，转祸而为福，因败而为功。故桓公负妇人而名益尊，韩献开罪而交愈固。此皆转祸而为福，因败而为功者也。王能听臣，莫如归燕之十城，卑辞以谢秦。秦知王以己之故归燕城也，秦必德王；燕无故而得十城，燕亦德王。是弃强仇而立厚交也。且夫燕、秦之俱事齐，则大王号令，天下皆从，是王以虚辞附秦，而以十城取天下也。此霸王之业矣。所谓转祸为福，因败成功者也。"

齐王大说，乃归燕城。以金千斤谢其后，顿首[②]涂中，愿为兄弟，而请罪于秦。

注释 <<<

①乌喙：即乌头。一种有毒的植物。
②顿首：以头叩地而拜。

 史纪风云

燕文公时，秦惠文王把自己心爱的女儿嫁给燕文公的太子为妻，做了太子妃。燕文公死后，太子即位，史称燕易王。齐宣王趁燕易王新立之际，出兵攻入燕国，夺取了十座城池。

这时，苏秦正在燕国做官。一天，他为燕国去游说齐宣王。他上殿拜见齐宣王，先贺后吊。齐王不解地问：“先生一贺一吊，为何变得这么快啊？”苏秦回答说：“大王知道，人们再饿也不吃乌头，因为乌头有毒，虽能填饱肚子，但很快便会被毒死的。现在，燕国虽小，燕王却是秦王的女婿啊！大王夺了燕国的十座城池，岂不和强秦结下了深仇？大王让弱燕做了排头雁，强秦紧随其后，将会招来天下精兵强将的，这不是同吃乌头一样吗？”齐宣王一听，这才害怕了，忙问：“既然如此，先生看寡人如何是好呢？”苏秦回答说：“大王，圣人贵在能转祸为福，因败而胜。大王如果听臣的，不如还给燕国十座城池，卑词向秦王请罪。秦王听说大王因为他的缘故归还燕国城池，一定会感激大王的；燕国失而复得，也会感激大王的。这是弃仇结友的行为。秦、燕两国同大王友好，天下都会听大王号令的。这是用十座城池换取天下，是霸王之业啊！这就是臣说的转祸为福，因败而胜啊。”

齐宣王听了，心中大悦，立即还给燕国十座城池，并向秦王请罪。

燕策一 燕国之乱

阅读提示

燕哙王为了效仿尧，不考虑实际情况，就把天下让给了相国子之。可是子之并没有才能治理天下，最终使国家大乱，民不聊生。

原文

燕王哙既立，苏秦死于齐。苏秦之在燕也，与其相子之为婚，而苏代与子之交。及苏秦死，而齐宣王复用苏代。

燕哙三年，与楚、三晋攻秦，不胜而还。子之相燕，贵重主断。苏代为齐使于燕，燕王问之曰："齐宣王何如？"对曰："必不霸。"燕王曰："何也？"对曰："不信其臣。"苏代欲以激燕王以厚任子之也。于是燕王大信子之，子之因遗苏代百金，听其所使。

鹿毛寿谓燕王曰："不如以国让子之。人谓尧贤者，以其让天下于许由，由必不受，有让天下之名，实不失天下。今王以国让相子之，子之必不敢受，是王与尧同行也。"燕王因举国属子之，子之大重。

或曰："禹授益，而以启为吏，及老，而以启为不足任天下，传之益也。启与支党攻益而夺之天下，是禹名传天下于益，其实令启自取之。今王言属国子之，而吏无非太子人者，是名属子之，而太子用事。"王因收印自三百石吏而效之子之。子之南面行王事，而哙老不听政，顾[①]为臣，国事皆决子之。

子之三年，燕国大乱，百姓恫怨[②]。将军市被、太子平谋，将攻子之。储子谓齐宣王："因而仆之，破燕必

注释 <<<

①顾：反而。

②恫怨：恐惧怨恨。

矣。”王因令人谓太子平曰：“寡人闻太子之义，将废私而立公，饬君臣之义，正父子之位。寡人之国小，不足先后，虽然，则唯太子所以令之。”

太子因数党聚众，将军市被围公宫，攻子之，不克。将军市被及百姓乃反攻，太子平、将军市被死以殉。国构难数月，死者数万众，燕人恫怨，百姓离意。孟轲谓齐宣王曰：“今伐燕，此文、武之时，不可失也。”王因令章子将五都之兵，以因北地之众，以伐燕。士卒不战，城门不闭，燕王哙死，齐大胜燕，子之亡。二年，燕人立公子平，是为燕昭王。

 史纪风云

周显王四十八年（公元前321年），燕易王病逝，燕王哙即位。不久，苏秦死在齐国。当年，苏秦在燕国做官的时候，曾与燕相子之结为亲家。苏秦的哥哥苏代也和子之有交往。苏秦死后，齐王继续用苏代做官。

燕王哙三年（公元前318年），燕国与楚国、三晋联兵攻秦，不胜而归。子之担任燕国的相国，十分显贵，专断朝政。

有一天，苏代为齐王出使燕国，回来后，燕王哙问他说：“齐宣王怎么样？”苏代回答说：“他一定不会成就霸业的。”燕王哙问道：“为什么呢？”苏代回答说：“因为他不相信大臣。”苏代这样作答，是为了激燕王哙重用子之。不想，燕王哙真的上了当，从此极其信任子之了。作为酬答，子之赠给苏代百镒黄金，任其使用。

◎战国 雕刀◎

鹿毛寿也对燕王哙说：“大王不如将燕国让给子之。人们之所以歌颂帝尧贤德，是因为他要把天下让给许由。许由不肯接受，帝尧有让天下的美名，却没有失掉天下。现在，大王如果将国家让给子之，子之也一定不敢接受。这样，大王便与帝尧齐名了。”于是，昏庸的燕王哙将整个国家交给了子之。

不久，又有人说：“大禹把国家大权交给了伯益，却让自己的儿

子启在朝中做官。等到大禹老了，认为启不能担当天下的重任，便把天下传给了伯益。启和他的党羽心中不服，攻打伯益，夺取了天下。这样看来，是大禹将天下传给伯益，却让启自己取回天下啊。现在，大王虽说将国家交给了子之，而朝中官吏却都是太子的人。这是名义上把国家给了子之，实际上是太子在管事，国家是太子的。”燕王哙听了这话，便把俸禄在三百石以上的官吏的官印都收回来，交给了子之。于是，子之面南而坐，处理王事，而燕王哙借口年老，不再听政，反而做了臣子，国家大事全由子之决定。

子之管理王事的第三年，燕国大乱，百姓怨声载道。燕太子平和将军市被两人商量，要进攻子之。这时，齐相储子对齐宣王说：“大王，此时发兵进入燕国，一定能够打败燕军。”齐王认为这个主意可行，便派人对燕太子平说：“寡人听说太子主持正义，要废私立公，整顿君臣秩序，摆正父子位置。寡人的国家小，不配为你奔走，只愿听你的指挥。”于是太子平召集党羽，在将军市被的率领下包围王宫，攻打子之。子之率百官反攻，太子平和市被战败被杀。内战持续了几个月，死了数万人。燕国百姓的心都散了。

◎战国 镶嵌三豹纹敦◎
盛食器，椭圆体。盖与器对称，可分开使用。各有三个兽形足，作昂首屈身状。盖顶正中饰红铜镶嵌豹纹，三只豹围绕一圆心作追逐状，形态生动。

这时，孟轲对齐宣王说：“此时伐燕，正是武王之业啊。”于是，齐宣王命章子率领五城之兵，利用北境的民力攻入燕国。燕军不战自降，连城门都不关闭。齐军大胜，燕王哙死于乱兵之中，子之逃亡了。

过了两年，燕人立太子平的弟弟公子职为燕王，史称燕昭王。

燕策二 伯乐和骏马

阅读提示

“酒香不怕巷子深”，这样的落后观念不仅在现代社会，而且在古代有识之士眼中也是很愚拙的意识。有才能的人一定要推销自己，而且要善于推销自己，要像卖马人借助伯乐提高马的身价一样，要借助一些要人提高自己的身价。

原文

苏代为燕说齐，未见齐王，先说淳于髡曰：“人有卖骏马者，比三旦立市，人莫之知。往见伯乐，曰：‘臣有骏马，欲卖之，比[①]三旦立于市，人莫与言。愿子还而视之，去而顾之。臣请献一朝之贾。’伯乐乃还而视之，去而顾之，一旦而马价十倍。今臣欲以骏马见于王，莫为臣先后[②]者，足下有意为臣伯乐乎？臣请献白璧一双，黄金千镒，以为马食。”淳于髡曰：“谨闻命矣。”入言之王而见之，齐王大说苏子。

注释 <<<

①比：连。

②先后：相导前后。

史纪风云

周赧王二十一年（公元前294年），苏代为燕国前往齐国，游说齐王。

到齐国后，苏代先找到淳于髡说：“先生，你听说过卖马的事吗？”淳于髡说：“没听说过，请你讲一讲吧。”苏代说：“从前，有一个人牵着一匹骏马到市上去卖。一连去了三天，也没人买他的马。于是，他找到伯乐说：‘我有一匹骏马，牵到市上三天了，一直没人买。我希望你能帮帮忙，到市上围着我的马边看边走上一圈，离开时再回头看看，我可以给你一个早上的费用。’伯乐一听人家提到马，便高兴地同意了。伯乐随卖马的那个人来到市上，围着他的马看了一圈，临走时又回头看了几眼。顿时，那匹骏马的价格竟上涨了十倍。现在，我想做一匹骏马，要面见齐王，但无人帮忙介绍，先生愿做伯乐吗？请让我献上白璧一双，黄金千镒，作为你饲养的马的草料钱。”淳于髡说：“好吧。”

苏代在淳于髡的介绍下见到了齐王，齐王极其喜欢苏代。

燕策二 防患和救患

阅读提示

赵恢在论辩中博古通今，把所论辩的问题放到已经过去的历史坐标系上，借古讽今，用历史的经验启示今人，使今人牢记前车之鉴。虽然借用的是历史的陈迹，然而其话锋直指当前，直指当事者的内心，具有了无可辩驳的雄辩力。

原文

燕饥，赵将伐之。楚使将军之燕，过魏，见赵恢。赵恢曰："使除患无至，易于救患。伍子胥、宫之奇不用，烛之武、张孟谈受大赏。是故谋者皆从事于除患之道，而先使除患无至者。今予以百金送公也，不如以言。公听吾言而说赵王[①]曰：'昔者，吴伐齐，为其饥也。伐齐，未必胜也，而弱越乘其弊以霸。今王之伐燕也，亦为其饥也。伐之未必胜，而强秦将以兵承[②]王之西，是使弱赵居强吴之处，而使强秦处弱越之所，以霸也。愿王之熟计之也。'"

使者乃以说赵王，赵王大悦，乃止。燕昭王闻之，乃封之以地。

注释 <<<

①赵王：惠文王。

②承：同"乘"。

史纪风云

有一年，燕国闹了饥荒，赵国想乘机攻打燕国。楚王闻讯后，派使者前往赵国，劝赵王不要攻打燕国。

使者路过魏国时，见到了赵恢。赵恢是赵国人，这时正在魏国做官。赵恢对楚国使者说：“先生，须知防患于未然，要比救患容易得多。前者如吴国防越的伍子胥和虞国防晋的宫之奇，但吴王夫差和虞君没有听他们的话，终于亡国了；后者如郑国的烛之武和赵国的张孟谈，都因救患而受到了重赏。因此，谋士们都致力于救患，而不去理会防患于未然了。现在，我拿百镒黄金送给你，不如赠你一席话。请你去对赵王说：‘当年，吴王夫差趁齐国闹饥荒起兵伐齐，伐齐未取得多大战果，可弱小的越国却趁吴军疲惫之时攻灭吴国，称霸天下了。如今大王趁燕国闹饥荒时要伐燕，伐燕未必取胜，而秦国却会趁机从西面打过来的。这是使弱赵处在当年强吴的地位，而使强秦处在当年弱越的地位，其后果不言自明。这是让强秦成就霸业啊！请大王三思而行。’”

楚国使者按照赵恢的话游说赵王，赵王大悦，不再谈进攻燕国的事了。

鹬蚌相争

阅读提示

战国说客们大量运用寓言故事来喻事明理，生动形象，直白明了。寓言不仅增强了辩词的说服力，而且使行文别出心裁，独具摇曳生姿意蕴无穷的美感。今天我们的话语相对于古人，显得贫乏和苍白，只有不断地在语言的形象、生动上多下点工夫，才能收到最好的效果。

原文

赵且伐燕。苏代为燕谓惠王曰："今者臣来，过易水，蚌[1]方出曝，而鹬[2]啄其肉，蚌合而拑其喙。鹬曰：'今日不雨，明日不雨，即有死蚌。'蚌亦谓鹬曰：'今日不出，明日不出，即有死鹬。'两者不肯相舍，渔者得而并禽之。今赵且伐燕，燕、赵久相支，以弊大众，臣恐强秦之为渔父也。故愿王之孰计之也。"惠王曰："善。"乃止。

注释<<<

①蚌（bàng）：蛤类。
②鹬（yù）：水鸟名。

史纪风云

有一年，赵惠王想要攻打燕国。苏代为燕国游说赵惠王说："臣这次从燕国到赵国来，路过易水时，看见一只河蚌正张开两个蚌片晒太阳，一只鹬鸟趁机用长喙啄住了它的肉，河蚌赶紧合上蚌片，夹住了鹬鸟的长喙。鹬鸟说：'今日不下雨，明日不下雨，早晚会把你晒死的。'河蚌说：'我今日不放你，明日不放你，早晚会把你夹死的。'鹬鸟紧紧地啄住河蚌的肉，河蚌紧紧地夹住鹬鸟的喙，谁也不肯放开。这时，一个渔翁走过来，把它俩活活地捉住了。现在，大王要进攻燕国，如果燕、赵两国长期相持，臣恐强秦会坐收渔翁之利啊。请大王好好考虑考虑。"赵王说："讲得好。"于是，便没有进攻燕国。

成语典故

鹬蚌相争，渔翁得利

鹬和蚌互相争持不下，让老渔翁把它们一起捉了。比喻双方相持不下，使第三者得利。

燕策三

荆轲刺秦王

阅读提示

荆轲刺秦王的故事千古流传，人们再熟悉不过。荆轲的英雄气概确实值得我们学习，但个人的行为和作用是改变不了历史的。秦国势力强大，灭六国统一天下，只是时间问题，刺杀的行为只是作最后的挣扎，它改变不了历史前进的规律。

原文

燕太子丹质于秦，亡归。见秦且灭六国，兵以临易水，恐其祸至，太子丹患之。谓其太傅鞫武[1]曰："燕、秦不两立，愿太傅幸而图之！"武对曰："秦地遍天下，威胁韩、魏、赵氏，则易水以北，未有所定也。奈何以见陵之怨，欲批其逆鳞哉？"太子曰："然则何由？"太傅曰："请入，图之。"

居之有间，樊将军亡秦之燕，太子容之。太傅鞫武谏曰："不可。夫秦王之暴而积怨于燕，足为寒心，又况闻樊将军之在乎？是以委肉当饿虎之蹊，祸必不振矣！虽有管、晏，不能为谋。愿太子急遣樊将军入匈奴以灭口。请西约三晋，南连齐、楚，北讲于单于，然后乃可图也。"太子丹曰："太傅之计，旷日弥久，心惛然恐不能须臾。且非独于此也。夫樊将军困穷于天下，归身于丹，丹终不迫于强秦，而弃所哀怜之交置之匈奴，是丹命固卒之时也。愿太傅更虑之。"鞫武曰："燕有田光先生者，其智深，其勇沉，可与之谋也。"太子曰："愿因太傅交于田先生，可乎？"鞫武曰："敬诺。"出见田光，道太子曰："愿图国事于先生。"田光曰："敬奉教。"乃造焉。

太子跪而逢迎，却行为道，跪而拂席。田先生坐定，

注释<<<

①鞫武：鞫，鲍本及《史记》均作"鞠"。

②贽：古时初次谒见尊者所持的礼物。

③太牢：指猪、牛、羊三牲。

④深：犹言厉害，狠毒。

⑤偏袒扼腕：表示激愤或振奋的样子。

⑥提：投掷。

⑦坐：谓请罪。

左右无人，太子避席而请曰："燕、秦不两立，愿先生留意也。"田光曰："臣闻骐骥盛壮之时，一日而驰千里。至其衰也，驽马先之。今太子闻光壮盛之时，不知吾精已消亡矣。虽然，光不敢以乏国事也。所善荆轲，可使也。"太子曰："愿因先生得交于荆轲，可乎？"田光曰："敬诺。"即起，趋出。太子送之至门，曰："丹所报，先生所言者，国大事也，愿先生勿泄也。"田光俯而笑，曰："诺。"偻行见荆轲，曰："光与子相善，燕国莫不知。今太子闻光壮盛之时，不知吾形已不逮也，幸而教之曰：'燕、秦不两立，愿先生留意也。'光窃不自外，言足下于太子，愿足下过太子于宫。"荆轲曰："谨奉教。"田光曰："光闻长者之行，不使人疑之，今太子约光曰：'所言者，国之大事也，愿先生勿泄也。'是太子疑光也！夫为行使人疑之，非节侠士也。"欲自杀以激荆轲，曰："愿足下急过太子，言光已死，明不言也。"遂自刭而死。

轲见太子，言田光已死，明不言也。太子再拜而跪，膝下行流涕，有顷而后言曰："丹所请田先生无言者，欲以成大事之谋，今田先生以死明不泄言，岂丹之心哉？"荆轲坐定，太子避席顿首曰："田先生不知丹不肖，使得至前，愿有所道，此天所以哀燕不弃其孤也。今秦有贪饕之心，而欲不可足也。非尽天下之地、臣海内之王者，其意不餍。今秦已虏韩王，尽纳其地，又举兵南伐楚，北临赵。王翦将数十万之众临漳、邺，而李信出太原、云中。赵不能支秦，必入臣，入臣则祸至燕。燕小弱，数困于兵，今计举国不足以当秦。诸侯服秦，莫敢合从。丹之私计，愚以为诚得天下之勇士，使于秦，窥以重利，秦王贪其贽[2]，必得所愿矣。诚得劫秦王，使悉反诸侯之侵地，若曹沫之与齐桓公，则大善矣！则不可，因而刺杀之。彼大将擅兵于外，而内有大乱，则君臣相疑。以其间诸侯，诸侯得合从，其偿破秦必矣。此丹之上愿，而不知所以委命，唯荆卿留意焉。"久之，荆轲曰："此国之大事，臣驽下，恐不足任使。"太子前顿首，固请无让，然后许诺。于是尊荆轲为上卿，舍上舍，太子日日造问，供太牢[3]异物，间进车骑美女，恣荆轲所欲，以顺适其意。

久之，荆卿未有行意。秦将王翦破赵，虏赵王，尽收其地，进兵北略地，至燕南界。太子丹恐惧，乃请荆卿曰："秦兵旦暮渡易水，则虽欲长侍足下，岂可得哉？"荆卿曰："微太子言，臣愿得谒之。今行而无信，则秦未可亲也。夫今樊将军，秦王购之金千斤，邑万家。诚能得樊将军首，与燕督亢之地图，献秦王，秦王必说见臣，臣乃得有以报太子。”太子曰：“樊将军以穷困来归丹，丹不忍以己之私而伤长者之意，愿足下更虑之。”

荆轲知太子不忍，乃遂私见樊於期，曰：“秦之遇将军可谓深[4]矣，父母宗族皆为戮没。今闻购将军之首金千斤、邑万家，将奈何？”樊将军仰天太息流涕，曰：“吾每念，常痛于骨髓，顾计不知所出耳。”轲曰：“今有一言，可以解燕国之患，而报将军之仇者，何如？”樊於期乃前曰：“为之奈何？”荆轲曰：“愿得将军之首以献秦，秦王必喜而善见臣，臣左手把其袖，而右手揕抗其胸，然则将军之仇报，而燕国见陵之耻除矣。将军岂有意乎？”樊於期偏袒扼腕[5]而进曰：“此臣日夜切齿拊心也，乃今得闻教。”遂自刎。太子闻之，驰往，伏尸而哭，极哀。既已，无可奈何，乃遂收盛樊於期之首，函封之。

于是太子预求天下之利匕首，得赵人徐夫人之匕首，取之百金，使工以药淬之。以试人，血濡缕，人无不立死者。乃为装遣荆轲。燕国有勇士秦武阳，年十二，杀人，人不敢与忤视。乃令秦武阳为副。荆轲有所待，欲与俱，其人居远未来，而为留待。顷之，未发。太子迟之，疑其有改悔，乃复请之，曰：“日以尽矣。荆卿岂无意哉？丹请先遣秦武阳。”荆轲怒，叱太子曰：“今日往而不反者，竖子也！今提一匕首，入不测之强秦，仆所以留者，待吾客与俱。今太子迟之，请辞决矣！”遂发。太子及宾客知其事者，皆白衣冠以送之。至易水上，既祖，取道。高渐离击筑，荆轲和而歌，为变徵之声，士皆垂泪涕泣。又前而为歌曰：“风萧萧兮易水寒，壮士一去兮不复还！”复为忼慨羽声，士皆瞋目，发尽上指冠。于是荆轲遂就车而去，终已不顾。

既至秦，持千金之资币物，厚遗秦王宠臣中庶子蒙嘉。嘉为先言于秦王，曰：“燕王诚振畏慕大王之威，不敢兴兵以拒大王，愿举国为内臣，比诸侯之列，给贡职如郡县，而得奉守先王之宗庙。恐惧不敢自陈，谨斩樊於期头，及献燕之督亢之地图，函封，燕王拜送于庭，使使以闻大王。唯大王命之。”

秦王闻之，大喜。乃朝服，设九宾，见燕使者咸阳宫。荆轲奉樊於期头函，而秦武阳奉地图匣，以次进至陛下。秦武阳色变振恐，群臣怪之。荆轲顾笑武阳，前为谢曰：“北蛮夷之鄙人，未尝见天子，故振慴，愿大王少假借之，使毕使于前。”秦王谓轲曰：“起，取武阳所持图。”轲既取图奉之，发图，图穷而匕首见。因左手把秦王之袖，而右手持匕首揕抗之。未至身，秦王惊，自引而起，绝袖。拔剑，剑长掺其室。时怨急，剑坚，故不可立拔。荆轲逐秦王，秦王还柱而走。群臣惊愕，卒起不意，尽失其度。而秦法，群臣侍殿上者，不得持尺兵。诸郎中执兵，皆陈殿下，非有诏，不得上。方急时，不及召下兵，以故荆轲逐秦王，而卒惶急无以击轲，而乃以手共搏之。是时，侍医夏无且以其所奉药囊提[⑥]轲，秦王之方还柱走，卒惶急不知所为。左右乃曰：'王负剑！王负剑！'遂拔以击荆轲，断其左股。荆轲废，乃引其匕首提秦王，不中，中柱。秦王复击轲，被八创。轲自知事不就，倚柱而笑，箕踞以骂曰：“事所以不成者，乃欲以生劫之，必得约契以报太子也。”左右既前斩荆轲，秦王目眩良久。而论功赏群臣及当坐[⑦]者，各有差。而赐夏无且黄金二百镒，曰：“无且爱我，乃以药囊提轲也。”

于是秦大怒燕，益发兵诣赵，诏王翦军以伐燕。十月而拔燕蓟城。燕王喜、太子丹等皆率其精兵东保于辽东。秦将李信追击燕王，王急，用代王嘉计，杀太子丹，欲献之秦。秦复进兵攻之，五岁而卒灭燕国，而虏燕王喜。秦兼天下。

其后，荆轲客高渐离，以击筑见秦皇帝，而以筑击秦皇帝，为燕报仇，不中而死。

史纪风云

秦王政十五年（公元前232年），燕太子丹从秦国逃回燕国。

燕太子丹曾两次到秦国做人质。第一次是吕不韦当政时期。那时，吕不韦派刚成君蔡泽到燕国辅政三年。作为回报，燕国则派太子丹到秦国做人质。

不久，吕不韦要派张唐到燕国做相国，甘罗以此威胁赵王献出河间，使赵国倒向秦国，秦国默许赵国进攻燕国，并送回太子丹，表示对赵国友好。于是，太子丹结束了在秦国的第一次人质生涯。

至于这次从秦国逃回，是太子丹第二次在秦国做人质时发生的事。原来，燕太子丹少年时代曾在赵国邯郸做人质。那时，秦王政的父亲异人已在吕不韦的帮助下逃回秦国，结束了在赵国做人质的生涯，而秦王政和母亲则藏在秦王政的外祖母家。那时，燕太子丹和秦王政是好友，还经常资助秦王政，两人常在一起玩。不料秦王政即位后，燕太子丹到秦国做人质时，秦王政全然不念儿时友情，对太子丹极其傲慢。燕太子丹咽不下这口气，便化妆成佣工，从秦国逃回燕国了。

不久，太子丹见秦国将要灭掉六国，秦兵已到易水对岸，心里十分担忧。一天，太子丹找到太傅鞠武说：“燕、秦两国势不两立，请太傅帮我想想办法，对付秦国。”鞠武说：“秦地遍布天下，威胁着三晋。至于易水之北，未来形势还未可知。太子何必因为在秦国受到秦王的欺凌，就去招惹他呢？”太子丹说：“那么，你看怎么办好呢？”太傅说：“太子请进，咱们好好商量商量。”

过了一段时间，秦国将军樊於期因得罪秦王政，从秦国逃亡到燕国，太子丹将他收留了。太傅鞠武进谏道：“太子，此事万万不可啊！秦王为人残暴，对我们燕国积怨很深，一想起来就令人寒心。如果听说我们收留了樊将军，决不会善罢甘休的。这是往饿虎必经之路上放肉啊，一定会惹祸的。到时候，即使管仲、晏婴再世，也会无计可施的。希望太子快送樊於期到匈奴去，免得给秦王留下口实。请太子西约三晋，南联齐、楚，北与匈奴和好，然后才能对付秦国。”太子丹说：“太傅之计，是要花很长时间才能实现的，我等不了。再说，樊将军穷困来投，我怎能因为惧怕秦王就把他送到匈奴去呢？希望太傅另思良策吧。”鞠武说：“咱们燕国有个田光先生，智勇双全，可以同他商量商量。”太子说：“请太傅介绍我和他相见好吗？”太傅说：“行。”

◎荆轲刺秦王◎

◎战国 剽牛祭祀铜扣饰◎

太傅去见田光说："太子有事要和你商量。"田光说："遵命。"说完，来到太子府。太子跪迎田光，然后倒退着为他引路，到堂上后，又亲自跪下为他拂席。田光坐下，左右一个人也没有，太子站起来请求道："燕、秦势不两立，请先生为我出出主意。"田光说："臣听说千里马在壮健之时，一日能奔驰千里，可到它衰老之时，连劣马都能跑过它。太子听说的是壮健之时的田光，我现在已经老了，不中用了。但我也不能不为太子尽心。我有个好朋友名叫荆轲，可供差遣。"太子说："请先生介绍我们相见好吗？"田光说："遵命。"

田光站起身来，快步走出，太子送到门口，嘱咐说："我所请求的和先生所说的都是国家大事，请先生不要外泄。"田光俯身笑了笑，说道："好的。"

田光佝偻而行，去见荆轲说："我和你相好，燕国无人不知。如今太子听说我智勇双全，找我商量如何对付秦国的事，哪知我已经老了。我把你介绍给太子了，希望你到太子宫去走一趟。"荆轲说："遵命。"荆轲刚要动身，田光又说："我听说品德高尚的人做事，不能让人怀疑。刚才我告别太子时，太子说：'咱们说的都是国家大事，希望先生不要泄露出去。'这说明太子怀疑我啊。做事让人怀疑，就不是有气节的义士了。希望你快去见太子，说田光已经死了，不会将国家大事说出去了。"田光说完，便自刎而死了。

荆轲是卫国人，祖先是齐国人，自幼喜欢读书击剑，为人行侠仗义。荆轲见到太子，说田光为了表示不将国家大事泄露出去，已经自刎了。太子听了，再拜跪下，膝行流涕，过了半天才说："其实，我叮嘱田先生，为的是成大事。田先生竟以死明志，这哪是我的本意啊！"

荆轲坐下后，太子丹站起来说："田先生介绍壮士前来，这是上天不弃燕国啊。秦王贪婪成性，不吞并天下的土地，不征服天下的百姓，是不会满足的。现在，秦军已经俘虏了韩王，灭了韩国，正在南攻楚国，北击赵国。赵国抵挡不住秦军，战火很快就会烧到我们燕国来的。我们燕国弱小，无力御秦。诸侯早已服从秦国，不敢再谈合纵之事了。我私下里想，如果能找到一位壮士，带着重礼去见秦王，秦王出于贪心，不会不接见的。到那时，就可以像曹沫劫持齐桓公那样，胁迫秦王退还所侵占的诸侯土地。如果他不答应，就当场杀了他。秦国大将在外，见国内发生巨变，君臣一定相疑。我们可以趁机联合诸侯，重新搞起合纵，必能灭掉秦国的。这是我的上上之愿，但不知派谁去好，希望你愿意做这件事。"过了半天，荆轲说："这是国家大事，臣无能，恐怕担负不起。"太子丹上前给荆轲叩头，一再请他帮忙，荆轲最后答应下来了。于是，太子丹尊荆轲为上卿，让他住进上好的房子。太子丹每天都来看他，供应牛、羊、猪三牲之肉以及各种贵重物品，有时还送他车马和美女，让他快意。

过了很久，荆轲还没有动身到秦国去的意思。这时，秦将王翦打败了赵军，俘虏了赵王，吞并了赵国的土地，向北进军，到了燕国的南界。太子丹害怕了，对荆轲说："秦军早晚要渡过易水，如果真的打过来，即使我想侍奉你，恐怕也办不到了。"荆轲说："太子不说，我也想找你了。如果现在到秦国去，拿不出让秦王相信的东西，怎么能接近他呢？樊将军现在住在这里，秦王已经悬赏，用千镒黄金和万户的封地购求他的人头。如果能有樊将军的人头，再加上我国督亢地区的地图，献给秦王，秦王一定高兴并接见我。那时，我就能够报答太子的厚恩了。"太子丹说："樊将军走投无路才来找我，我怎能为了自己的事而伤他的心呢？还是想想别的办法吧。"

荆轲见太子丹不忍取下樊於期的人头，便亲自去见樊於期说："秦王对将军够狠的了，将军的父母和族人都被他杀了。听说现在秦王正用千镒黄金和万户的封地购求你的人头，你将怎么办呢？"樊於期仰天叹息，流泪说："我每想起亲人，真是痛入骨髓，但却不知如何是好啊！"荆轲说："我有一句话，可以解救燕国，并能为将军报仇，将军看怎么样？"樊於期上前问道："有什么办法？"荆轲说："如果我带上将军的人头，献给秦王，秦王一定高兴并接见我。那时，我左手扯住他的袖子，右手操匕首刺他的胸，不但将军的仇能报，燕国受凌辱的国耻也可以雪了。将军可有意吗？"樊於期听了，露出臂膀，激愤地握紧手腕说："我恨秦王恨得咬牙切齿，但却无法报仇，今天总算有幸听到你的指教了。"说完，便拔剑自刎了。

太子听说后，骑马奔驰而去，伏在樊於期的尸身上痛哭一场。但已无可奈何，便用盒子盛上樊於期的头，并密封好了。

太子开始搜求天下最锋利的匕首，最后用一百镒黄金买下了赵国徐夫人的匕首。工匠将这把匕首用毒药淬火后，试着刺人，只要流出一丝血，人就必死无疑了。于是，太子丹为荆轲整治行装，准备出发。

燕国有个勇士叫秦武阳，十二岁时就曾杀过人，人们都不敢正眼瞅他。太子丹决定让秦武阳做荆轲的副手。

其实，荆轲正在等一个人，想和那人一同去见秦王。但那人住得太远，一时到不了，荆轲决定等他。因此，过了一段时间，荆轲仍未出发。太子见状，以为荆轲后悔了，便又一次请他动身。荆轲生气了，喝斥太子说："如果一去不复还，那是算不了好汉的。这是手提一只匕首西入强秦啊！我所以迟迟不肯动身，是在等我的朋友，好和他一起去啊。既然太子认为我动身太晚了，那我们就诀别吧。"于是，荆轲带着秦武阳出发了。

太子和一些知道内情的宾客都穿上白衣，戴上白帽为荆轲送行。到了易水之滨，祭过路神后，便要上路了。荆轲的朋友高渐离用一种叫筑的乐器弹着曲子，荆轲和着曲子唱起凄厉悲凉的歌，在场的人都掉下了眼泪。荆轲又站起来，走到大家面前唱道："风萧萧兮易水寒，壮士一去兮不复还！"大家正在哭时，荆轲又唱起了激昂高亢的调子，大家听了，不禁双目圆睁，怒发冲冠。唱罢，荆轲登车而去，始终没有回头看一眼。

荆轲到秦国后，用价值千金的礼物送给

秦王宠臣中庶子蒙嘉，蒙嘉对秦王说："燕王畏慕大王之威，不敢起兵抗拒大王，愿意带着全国民众做大王的内臣，进入大王的诸侯之列，像郡县一样进贡，只求能够守住先王的宗庙。但燕王不敢同大王讲，特地斩下樊於期的头，连同燕国督亢地区的地图一并献上。燕王亲自在朝廷上拜送，委派使者前来。现在，使者荆轲已经到了，请大王决断。"秦王一听大喜，穿上朝服，用九位傧相的大礼迎见荆轲。

荆轲捧着盛有樊於期人头的盒子，秦武阳捧着装有地图的匣子，一前一后地走进秦王大殿。到了殿上阶前，秦武阳心中大恐，脸色骤变，殿下站着的群臣见了，十分奇怪。荆轲回头看着秦武阳笑了笑，上前向秦王叩头谢罪道："他是北方边荒之地的粗人，未见过天子，所以害怕了。希望大王稍加宽容，让他完成使命。"秦王对荆轲说："起来吧，把秦武阳手中的地图递上来。"

◎战国中期　跪坐人漆绘灯◎

荆轲取过地图匣子，拿出地图献给秦王。秦王接过地图，解开丝绳，左手持轴，右手拉着丝绳子一点点地把图打开。当地图全拉开时，里面藏着的匕首露了出来。荆轲早有准备，抢先拿过匕首，左手抓住秦王的袖子，右手举起匕首向秦王刺去。匕首还未刺到秦王身上时，秦王吃了一惊，跳起来猛一拉袖子，袖子断了。秦王想拔剑刺荆轲，但剑太长，紧紧地装在剑鞘里，一时拔不出来。于是，秦王只得绕着殿上的柱子跑，荆轲在后面紧紧地追赶。殿下的群臣都慌了，因事出仓促，都失了态。根据秦法，群臣上朝，不许带任何兵器。而负责守卫的郎中都排列在殿下，没有秦王的命令是不能上殿的。当时，情况万分紧急，哪有下命令的时间？因此荆轲得以在殿上追赶秦王。秦王无计可施，只得用双手搏击荆轲。这时，秦王的侍医夏无且用他所带的药囊击荆轲，秦王才得以继续绕着柱子跑，但因为太慌了，一时不知如何是好。这时，秦王左右的人喊道："大王背着剑拔，大王背着剑拔！"秦王一听，忙将剑鞘背到脊背上，一下子就从头顶将剑拔了出来。秦王挥起长剑，一剑将荆轲的左大腿砍断了。荆轲残废了，只得将匕首投向秦王，但没有投中，打在了柱子上。秦王又用长剑刺荆轲，荆轲中剑八处。荆轲见事不成，倚着柱子笑道："事情之所以没有成功，是因为我想劫持秦王，报答太子之恩啊。"左右冲上前去，杀了荆轲。

秦王吓傻了，好久才回过神来。等安定下来后，秦王论功行赏，并处罚了该处罚的人。秦王说："无且爱我，竟想到用药囊击荆轲。"特地赏了夏无且二百镒黄金。

秦王越想越恨，便增兵到赵国，命王翦率领他们攻打燕国，十个月后攻克燕都蓟城。燕王喜和太子丹率领精兵逃到辽东，以求自保。

秦将李信继续追击燕王，燕王喜见形势危急，便听了代王之计，杀了太子丹，想将他的首级献给秦王。秦军仍然进攻不止，五年后终于灭了燕国，俘虏了燕王喜。燕国灭亡，秦王终于兼并了天下。

秦王称帝后，荆轲的朋友高渐离以擅长击筑求见秦始皇。秦始皇让他到殿上击筑，他趁机抡起正在弹奏的筑，要击杀秦始皇，但没有击中，反被秦始皇杀了。

◎战国　雕青玉龙形带扣◎

历代名家点评

司马光：荆轲怀其豢养之私，不顾七族，欲以尺八匕首强燕而弱秦，不亦愚乎！故扬子论之，以要离为蛛蝥之靡，聂政为壮士之靡，荆轲为刺客之靡，皆不可谓之义。又曰："荆轲，君子盗诸！"善哉！

毛泽东：秦始皇是第一个把中国统一起来的人物，不但政治上统一了中国的文字、中国各种制度，如度量衡，有些制度后来一直沿用下来。中国过去的封建君主还没有第二个超过他的。

成语典故

切齿拊心

切齿，咬紧牙齿。拊心，形容心中恨极。表示非常愤恨。

痛入骨髓

伤痛之感，深入骨髓。

宋卫策

墨子救宋

阅读提示

墨家的吃苦耐劳精神得到后世志士们的仿效。墨家爱好和平，也擅长游说，这次首先通过“杀人”这一诱语，使公输般上钩，然后把杀一人推广到攻杀宋国人，使上钩的鲁班不能不觉得理亏。紧接着墨子通过形象的类比、丰富的辞藻、壮美的气势，将楚国攻宋说成是有病的小偷的行为，使楚王自己都觉得违背常理，于是停战归和。

原文

公输般为楚设机，将以攻宋。墨子闻之，百舍重茧[①]，往见公输般，谓之曰：“吾自宋闻子。吾欲借子杀王。”公输般曰：“吾义固不杀王。”墨子曰：“闻公为云梯，将以攻宋。宋何罪之有？义不杀王而攻国，是不杀少而杀众。敢问攻宋何义也？”公输般服焉，请见之王。

墨子见楚王，曰：“今有人于此，舍其文轩，邻有弊舆而欲窃之；舍其锦绣，邻有短褐而欲窃之；舍其粱肉，邻有糟糠而欲窃之。此为何若人也？”王曰：“必为有窃疾矣。”

墨子曰：“荆之地方五千里，宋方五百里，此犹文轩之与弊舆也。荆有云梦，犀兕麋鹿盈之，江、汉鱼鳖鼋鼍为天下饶，宋所谓无雉兔鲋[②]鱼者也，此犹粱肉之与糟糠也。荆有长松、文梓、楩、柟、豫樟，宋无长木，此犹锦绣之与短褐也。恶以王吏之攻宋，为与此同类也。”王曰：“善哉！请无攻宋。”

注释 <<<

①重茧：指脚上磨起一层层茧子。

②鲋（fù）：鲫鱼。

史纪风云

周贞定王二十五年（公元前444年），巧匠公输般为楚惠王制造了好多云梯，要去进攻宋国。

消息传到宋国后，宋国人心惶惶，墨翟也听说这件事了。他主张和平，反对战争，为了制止这场掠夺性的侵略战争，墨翟不远千里，跋山涉水，从家乡宋国来到楚国，脚上磨出了一层又一层厚厚的茧子。

墨翟到楚国后，求见公输般，对他说："我在宋国久闻你的大名，今日特地前来求助，请你为我杀一个人。"公输般说："我是讲道义的，从不杀人。"墨翟说："听说你为楚王造了云梯，要用它进攻宋国。你既然讲道义，从不杀人，却去进攻别人的国家，这是不杀少数人而杀多数人啊！请问进攻宋国，道义何在？"公输般被说服了，对墨翟说："你讲得有道理，但这事我说了不算，我介绍你去见楚王吧。"墨翟说："好吧。"

墨翟见了楚王，对楚王说："假如现在有这样一个人，放弃了自己的雕花车子，却去偷邻人的破车；放弃了自己的锦绣衣服，却去偷邻人的粗布衣服；放弃了自己的精米白肉，却去偷邻人的糟糠。请问大王，这是什么人啊？"楚王回答说："这一定是有偷癖的人吧！"墨翟说："楚国纵横五千里，宋国只有五百里，这就像雕花车子和破车一样；楚国有云梦泽，里面满是犀牛和麋鹿，江汉里的鱼、鳖、龟、鳄鱼天下最多，宋国却连雉鸡、野兔、鲫鱼都没有，这就像精米白肉和糟糠一样；楚国有松树、梓树、楩木、楠木、樟木，宋国连大树都没有，这就像锦绣衣服和粗布衣服一样。臣认为大王派兵去攻打宋国，和这个有偷癖的人是一样的。"楚王说："说得好，寡人不去攻打宋国就是了。"

◎墨翟与公输般◎

墨翟用他的智慧和辩才制止了一场不义的战争。

※知识链接※

墨子的哲学思想反映了从宗法奴隶制下解放出来的小生产者阶层的二重性，他的思想中的合理因素为后来的唯物主义思想家所继承和发展，其神秘主义的糟粕也为秦汉以后的神学目的论者所吸收和利用。墨子作为先秦墨家的创始人，在中国哲学史上产生过重大影响。

宋卫策

国有贤人

阅读提示

智伯送给卫君重礼，是为了麻痹魏国，使其放松警惕；再次叫太子到魏国，是为了找寻发动战争的理由。智伯明白，作战之前一定要有准备，要有一个发动战争的名正言顺的理由。南文子高出智伯一筹的是在开战之前就挫败了敌方的谋划，赢得了国家的利益和尊严。事前做好准备，就可收到不战而胜，不战而屈人之兵的效果。现代战争和商场上的竞争也是如此，在正式开战之时，实际上胜负大局基本上已经定了。

原文

智伯[①]欲伐卫，遗卫君野马四百，白璧一。卫君大悦，群臣皆贺，南文子有忧色。卫君曰："大国大欢，而子有忧色何？"文子曰："无功之赏，无力之礼，不可不察也。野马四，百[②]璧一，此小国之礼也，而大国致之。君其图之。"卫君以其言告边境。智伯果起兵而袭卫，至境而反，曰："卫有贤人，先知吾谋也。"

注释 <<<

①智伯：晋大夫。

②百：乃"白"字之误。

史纪风云

智伯是晋国的六卿之一，他野心勃勃，不但想独吞晋国，还想攻灭卫国。

卫国原来本是周武王封给纣王儿子武庚的领地。后来，武庚发动叛乱，又改封武王少弟康叔于卫国。

智伯为了麻痹卫君，使他不设防，特地派人送给他骏马四匹，白璧一双。卫君接了礼物，心中大喜。卫国群臣听说此事后，都来祝贺，唯有南文子面带忧色。卫君见了，问南文子说："大国主动表示友好，你为什么面有忧色啊？"南文子说："主公，无功受赏，无故受赠，不可不找找原因啊！骏马四匹，白璧一双，这是小国送给大国的礼物，而今却由大国送给了我们这个小国，这很不正常。主公，请你早做准备，提防智伯为好。"卫君听了，这才警觉起来，马上派人通知边境守将严加设防。

智伯送礼后，以为卫君乐而忘忧，便率大军进攻卫国。到了卫国边境，这才发现卫国早已在边境屯驻重兵了，不由得叹道："卫国一定有贤人，已经知道我们的计谋了。"说罢，班师而回。

卫君幸有南文子提醒，才避免了亡国之祸。

中山策

司马喜三相中山

阅读提示

司马喜先假托去赵国考察，到赵国后极尽美艳诱惑之词，渲染阴姬的倾国倾城、沉鱼落雁之貌，用佳丽美色轻易使赵王上钩，然后按照事先的安排，以立皇后、断赵王念头为理由，水到渠成地让阴姬当上了王后。谋略在于解决难题。其实每个难题都有它的特点，掌握了特点也就找到了解决难题的突破口。

原文

司马喜三相中山，阴简难之。田简谓司马喜曰："赵使者来属耳，独不可语阴简之美乎？赵必请之，君与之，即公无内难①矣。君弗与赵，公因劝君立之以为正妻。阴简之德公无所穷矣。"果令赵请，君弗与。司马喜曰："君弗与赵，赵王必大怒，大怒，则君必危矣。然则立以为妻，固无请人之妻不得而怨人者也。"

田简自谓取使。可以为司马喜，可以为阴简，可以令赵勿请也。

①难：憎恶忌恨。

◎战国后期　蟠螭纹龙首壶◎

史纪风云

司马喜三次出任中山国的相国，但中山王的宠妃阴简常常刁难他，使他十分苦恼。

中山国有个大臣叫田简，为人很聪明。他见司马喜常常苦恼，便想帮他的忙。一天，田简对司马喜说："听说大王要派人到赵国去出使，人选还未确定。你何不亲自走一趟，顺便对赵王夸一夸阴妃如何如何漂亮。赵王听说后，一定会派使者前来向大王要阴妃的。如果大王同意将阴妃献给赵王，你在朝中就不会有麻烦了。如果大王不答应，你便顺水推舟，劝大王立阴妃为王后。那时，阴妃一定感激你，再也不会刁

难你了。”司马喜一听，高兴地笑了，说道：“这倒是个好主意。”

司马喜依计而行，对中山王说：“大王，臣有削弱赵国、让中山国强大起来的计策。”中山王一听，高兴地说：“寡人很想听听，你讲讲吧。”司马喜说：“臣现在还不能说，得先到赵国考察一番，看看他们国家的地形，人民的贫富，君臣的贤愚，然后才能定计。”中山王听了，立即派司马喜到赵国去出使。

司马喜到了赵国，对赵王说：“臣听说赵国是出美女的地方，但臣入境以来，虽一再细心观察，却没发现赵国有绝代佳人。臣曾周游天下，觉得没有比中山国王宫中的阴简更美的人了，不知道的人还以为她是神仙哩。她的美是无法用言语来形容的，只有亲眼见一见才知道。”这一番话说得赵王心动了，不禁说道：“我想讨阴简，你看如何？”司马喜忙说：“臣不过是觉得她太美了，这才顺嘴说出来。但大王想讨她，这可不是臣所敢谈的，请大王千万不要泄露臣说过的话。”

司马喜回国后，对中山王说：“大王，我看赵王不是贤王，他不喜欢道德而喜欢女色，不喜欢仁义而喜欢武力。臣在赵国时，曾听说他要讨阴妃哩。”中山王一听，勃然变色，心中大怒。司马喜说：“大王息怒。如果不将阴妃献给赵王，赵王必然大怒。赵王一怒，我们就危险了。但如果将阴妃献给他，诸侯会耻笑我们的。”中山王问道：“那如何是好呢？”司马喜回答说：“依臣之见，大王不如立即立阴妃为王后，世上从来没有向人要王后的人。如果赵王硬要来讨阴妃，也会被诸侯谴责的。”中山王听了，立即立阴妃为王后。

不久，赵王真的派使者来讨阴简了。听说阴简是王后，赵国使者只得回去报告赵王。赵王说：“原来阴简是王后啊，那就算了。”

阴妃一夜之间成了中山王的王后，对司马喜感激不尽，再也不为难他了。

◎战国 云纹壶◎

容酒器，有盖，小口，长颈，鼓腹，圈足。盖上置链式提梁。筒腹部纹饰用宽弦纹分为三组：肩部一组为三角云纹，腹部两组为类似席纹地的变形云纹，腹下饰兽面纹。为楚国青铜器的代表作之一。